RRHUS,
TRAGEDIE.

Par Monsieur DE CREBILLON.

A PARIS,

De l'Imprimerie de la Veuve d'ANTOINE-URBAIN
COUSTELIER, Quay des Auguftins.

M. DCC. XXVI.

AVEC APPROBATION ET PRIVILEGE DU ROY.

A MONSIEUR PARIS,

Conseiller du Roy en ses Conseils
d'Etat Privé, ancien Garde
du Trésor Royal.

M ONSIEUR,

Le sort que le Public a daigné faire à Pyrrhus,
tout brillant qu'il a été, n'est point encore aussi
touchant pour moi, que le plaisir de vous offrir un

Ouvrage applaudi, & de pouvoir, par ce present, vous donner une marque plus éclatante des sentimens que j'ai pour vous ; sentimens auxquels vous laissez si peu de carriére à certains égards, qu'il faut malgré soi se conformer à vôtre façon de penser, trop modeste & trop délicate pour s'accommoder du stile ordinaire d'une Epître Dédicatoire. Vous avez voulu, MONSIEUR, que celle-ci fut seulement un témoignage authentique de l'amitié qui nous lie : heureux, si par des preuves plus solides de la mienne, je pouvois un jour vous convaincre qu'on ne peut être avec une estime plus respectueuse, & une veneration plus parfaite,

MONSIEUR,

Vôtre très-humble & très-obéïssant Serviteur,
JOLYOT DE CREBILLON.

A Amboise ce 8. Juillet 1726.

ACTEURS.

PYRRHUS *Roi d'Epire, élevé sous le nom d'Hélénus, fils de Glaucias.*

GLAUCIAS *Roi d'Illyrie.*

NEOPTOLEME *Usurpateur de l'Epire, Prince du Sang de Pyrrhus.*

ILLYRUS *Fils de Glaucias.*

ERICIE *Fille de Néoptoléme.*

ANDROCLIDE *Officier des Armées de Glaucias, & Sujet de Pyrrhus.*

CYNEAS *Confident de Pyrrhus.*

ISMENE *Confidente d'Ericie.*

GARDES.

SUITTE.

La Scene est à Byzance dans le Palais de Lysimachus.

PYRRHUS,
TRAGEDIE.

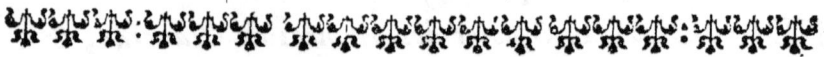

ACTE PREMIER.

SCENE PREMIERE.

GLAUCIAS

Ous à qui j'offre ici tant de vœux
    inutiles,
Dieux vengeurs des forfaits, pro-
    tecteurs des aziles,
Que le soin de vous plaire & de
    vous imiter,
Contre un Roi genereux semble encor irriter ;
Si les pleurs que j'oppose à vos decrets terribles,
Si ma juste douleur vous éprouve infléxibles,

A

Du moins ne laissez pas succomber ma vertu
Sous les divers transports dont je suis combattu.
Glaucias ne peut-il, sans cesser d'être pere,
Soutenir de son rang l'auguste caractere ?
O mon fils, cher espoir, malheureux Illyrus,
Faut-il livrer ta tête, ou celle de Pyrrhus ?
Voici le jour fatal qui veut que je décide
Entre l'ami parjure, ou le pere homicide.
Il ne m'est plus permis d'accorder dans mon cœur
Les droits de la nature avec ceux de l'honneur :
L'une attend tout de moi, ma foi doit tout à l'autre.
J'ai rempli mon devoir, Dieux, remplissez le vôtre ;
Vous fûtes les garants des sermens que je fis ;
Sauvez-moi du parjure, ou me rendez mon fils.
Barbare Cassander, traître Neoptolême,
Est-ce à vous que je dois livrer la vertu méme ?
Frappez, Dieux tout-puissants, c'est assez protéger
Deux Tyrans dont la foudre auroit dû me venger.
Laisserez-vous Pyrrhus vôtre plus digne ouvrage
En proye aux noirs projets de leur jalouse rage ?
Est-ce un crime pour lui que d'avoir merité
De joüir comme vous de l'immortalité ?
Et n'est-ce point assez qu'une main parricide
Ait terminé les jours de l'illustre Æacide ?
Abandonnerez-vous son fils infortuné
Au malheur qui poursuit le sang dont il est né ?

Non, il ne mourra point, le mien en vain l'ordonne ;
Je dois tout à Pyrrhus, ma gloire, ma couronne,
Et la vie ; & pour dire encor plus pour un Roi,
Je lui dois d'un ami le secours & la foi ;
Il ne l'éprouvera legere, ni perfide.
Mais qu'est-ce que je vois ! n'est-ce point Androclide!
Et que viens-tu chercher dans ces funestes lieux,
Près d'un Roi le joüet du sort injurieux ?

SCENE DEUXIEME.

GLAUCIAS, ANDROCLIDE.

ANDROCLIDE

SEigneur, un sort plus doux n'a pas servi le zéle
D'un sujet malheureux, & cependant fidele ;
Peu digne des honneurs dont il fut revêtu,
Capitaine sans gloire, & soldat sans vertu,
Que l'Illirie a veu de retraitte en retraitte
Mandier des secours garants de sa défaitte ;
Réduit à déclarer la honte & le malheur
D'un combat dont un autre a remporté l'honneur ;
Cassander m'a vaincu ; sa fureur, & ma fuite
N'ont laissé qu'un bucher dans l'Epire détruite ;
Tout ce qu'avoit conquis la valeur d'Hélénus,
Tout ce que j'avois fait en faveur de Pyrrhus

A suivi le succès d'une lâche victoire
Que le tyran obtint, & poursuivit sans gloire ;
Et pour comble de maux, Seigneur, je vous revoi
Parmi des ennemis sans honneur & sans foi.
Puis-je, sans succomber à ma frayeur extrême,
Voir le Roi d'Illirie avec Néoptoléme ?

GLAUCIAS

Calme le vain effroi dont ton cœur est saisi ;
Un interêt plus grand doit le toucher ici.
Mes pertes, mes perils n'ont rien d'assez terrible
Pour un Roi que l'honneur éprouve seul sensible.
Tu ne sçais pas encor jusqu'où va mon malheur ;
Apprend tout. Mais avant que de t'ouvrir mon cœur,
Prend garde si quelqu'un ne pourroit nous entendre.
Pyrrhus avec le jour près de moi doit se rendre ;
Le soleil va bien-tôt se montrer à nos yeux,
Et c'est Pyrrhus, sur-tout, que je crains en ces lieux.

ANDROCLIDE

Vous me parlez toûjours d'un Roi que je revere,
Vous sçavez à quel point je fus cheri du pere ;
Lorsque Néoptoléme armé contre ses jours
Par un noir parricide en eut tranché le cours,
Vous sçavez que c'est moi qui trompant le perfide,
Sauvai de sa fureur les enfans d'Æacide.
Je vous remis Pyrrhus encor dans le berceau,
Qui pour lui, sans vos soins, eut été son tombeau.

Penetré des malheurs qui l'avoient pourfuivie,
Vous jurâtes, Seigneur, de défendre fa vie.
Mais depuis que Pyrrhus eft en vôtre pouvoir,
Il ne m'a pas été permis de le revoir :
Et c'eft des immortels le feul bien que j'implore.

GLAUCIAS

Tu l'as veu mille fois, tu vas le voir encore.
Tes yeux peuvent-ils bien fe méprendre à Pyrrhus ?
Quoi, tu peux méconnoître, en voyant Hélénus,
La majefté des traits du redoutable Achille ?
Sa fierté, fa valeur, fon courage indocile ?
Un héros, en un mot, fi digne de celui
Dont le nom feul encor fait trembler aujourd'hui ?
Qui n'a point démenti le fang qui l'a fait naître ?
Il en eft digne, autant qu'un mortel le peut être.
Qui reçut dans fon cœur avec le fang des Dieux,
Tout l'éclat des vertus que l'on adore en eux ?
Qui fit à l'Univers dès l'âge le plus tendre
Par un nouvel Achille oublier Alexandre ?
Du nom de fes ayeux, s'il n'eft pas informé,
Son grand cœur fe fent bien du fang qui l'a formé ;
Il paffe pour mon fils, & ma tendreffe extrême
Redouble chaque jour pour cet autre moi-même.
Mais hélas ! que lui fert ma funefte amitié,
Quand les Dieux, & le fort font pour lui fans pitié !

ANDROCLIDE

J'ai toûjours soupçonné malgré vôtre silence,
Que Pyrrhus en secret, élevé dès l'enfance,
Sous le nom d'Hélénus, cachoit dans vôtre fils
Le précieux dépôt que je vous ai remis.
Mais, Seigneur, quel peril si puissant le menace,
Lui, dont tout l'Univers craint le bras & l'audace ?
Pyrrhus est-il de ceux pour qui l'on doit trembler ?

GLAUCIAS

Le coup est cependant tout prêt à l'accabler.
Tu sçais, lors qu'Hélénus eut reconquis l'Epire
Qui fut de ses ayeux le legitime Empire,
Que je te confiai le soin de conserver
Ces Etats qu'en secret j'avois fait soulever ;
Et dont enfin je fis sortir Néoptoléme.
Hélénus n'écoutant que son ardeur extrême
Poursuivit l'inhumain qui füioit devant lui ;
Cassander le reçut, & devint son appui ;
Cassander de tout tems ennemi d'Æacide
Arma pour soûtenir son ami parricide ;
Mais ils crurent en vain arrêter le vainqueur :
Hélénus remplit tout de carnage & d'horreur ;
Les atteignit enfin vers les murs d'Ambracie ;
Lieu fatal ! jour funeste au reste de ma vie !
Hélénus plein d'ardeur & l'œil étincelant
N'avoit jamais paru ni plus fier, ni plus grand ;

Mais s'il fit voir alors Achille formidable,
Il ne nous fit pas voir Achille invulnerable,
Il fut bleſſé. Mon fils jaloux de ſa valeur
Crut pouvoir par lui ſeul réparer ce malheur,
Et pourſuivre ſans crainte une ſûre victoire
Dont Hélénus devoit s'attribuer la gloire ;
Mais ce fut pour ſervir de triomphe au vainqueur ;
Il fut défait & pris. Juge de ma douleur
Quand je vis Illyrus tomber en la puiſſance
De ceux qu'au déſéſpoir réduiſoit ma vengeance.
A peine je rendis un reſte de combat.
Hélénus languiſſoit, & manquoit au ſoldat,
Qui l'ayant veu couvert de ſang & de pouſſiere,
Et croyant qu'il touchoit à ſon heure derniere,
Malgré mes vains efforts plia de toutes parts.
Et je me crus enfin après mille hazards,
Trop heureux de pouvoir regagner l'Illirie,
Moi, qui me préparois à conquerir l'Aſie !

ANDROCLIDE

L'état où j'ai trouvé vôtre Peuple réduit,
De ce cruel revers ne m'a que trop inſtruit.
Mais quel que ſoit ici le ſort qui le menace,
Vous pouvez d'Illyrus réparer la diſgrace.
Seigneur, dès qu'Hélénus ſurvit à ce malheur,
Quelles pertes pourroient étonner vôtre cœur ?
Je ne vois point encor ce que vous devez craindre.

A iiij

PYRRHUS,

GLAUCIAS

Ecoute, & tu verras ſi mon ſort eſt à plaindre.
Néoptoléme enflé de ſes heureux ſuccès
Prétend s'en aſſurer le fruit par une paix ;
Il ſçait que Pyrrhus vit, & que j'en ſuis le maître,
Que ſon interêt ſeul m'arme contre le traître ;
Il m'a fait propoſer de lui livrer Pyrrhus ,
Qu'il mettoit à ce prix le ſalut d'Illyrus ;
Mais que pour épargner mon honneur & ma gloire ,
Et ne me point ſoüiller d'une action ſi noire
Qui décréditeroit & mon nom & ma foi ,
Cet article ſeroit entre lui ſeul & moi.
Dans ce cruel ſéjour voilà ce qui m'améne.
Lyſimachus qui veut terminer nôtre haine
S'eſt de lui-même offert pour garant du traité.
Néoptoléme & moi nous l'avons accepté.
Tous deux depuis huit jours dans les murs de By-
zance,
Nous nous ſommes tous deux remis en ſa puiſſance ;
Enfin Lyſimachus garant de nôtre paix
A de ſoldats ſans nombre inveſti ce Palais ;
Nul n'en ſçauroit ſortir ſans un ordre ſuprême
Qui vienne de ma part ou de Néoptoléme
Qu'on laiſſe cependant diſpoſer de mon fils.
Mais le barbare y met un trop indigne prix ;
Il veut plus, il prétend s'unir à ma famille,

Fier du panchant qu'il voit en mon fils pour sa fille,
Il prétend qu'elle soit le lien d'une paix
Qu'aux dépens de Pyrrhus on ne verra jamais.
Non je ne puis souffrir qu'une si belle vie
Serre les nœuds sanglants de l'himen d'Ericie;
Et ce même Pyrrhus met au rang de ses Dieux
L'objet qui de son sang est le prix odieux;

ANDROCLIDE

Pourquoi l'ameniez-vous en ce séjour funeste ?
Quels sont donc vos desseins, & quel espoir vous
    reste ?

GLAUCIAS

Que veux-tu que je fasse ? òn me retient mon fils,
Et Pyrrhus a trop fait trembler mes ennemis.
Néoptoléme a craint que fier de mon absence
Ce Héros n'entreprit de surprendre Byzance;
Enfin il a voulu qu'il me suivit ici.
Mais je mourrois plûtôt … Taisons-nous, le voici,
Garde-toi bien sur-tout de lui faire connoître
Quel péril le menace, & quel sang l'a fait naître,
Va, ne t'éloigne point de cet appartement.

SCENE TROISIEME.

GLAUCIAS, HELENUS, CYNEAS.

HELENUS à CYNEAS

ALLEZ, cher Cyneas, laiſſez-nous un moment.

GLAUCIAS

Approchez, Hélénus, venez, fils magnanime,
Unique eſpoir d'un Roi que le deſtin opprime.
Voici le jour cruel marqué par ſa fureur
Pour éclairer ma honte, ou me percer le cœur.
Il faut livrer Pyrrhus, ou perdre vôtre frere,
Et je ne puis livrer qu'une tête bien chere.

HELENUS

Je ne dois point parler en faveur de Pyrrhus,
Ni prononcer, Seigneur, ſur le ſort d'Illyrus;
Je vois que tous les deux vous tiennent en balance,
Et je dois ſur tous deux obſerver le ſilence.
L'un ne m'eſt pas connu, mais il a vôtre foi,
L'autre doit m'être cher, mais doit être mon Roi.
Et je ne puis ſervir ni perdre l'un ou l'autre,
Sans trahir mon honneur, ou ſans bleſſer le vôtre;
Sans me rendre, Seigneur, ſuſpect d'ambition,
Ou ſans vous conſeiller une indigne action.
Un Roi né genereux; un pere né ſenſible

Peut lui ſeul prononcer ſur un choix ſi terrible,
Ou l'honneur & le ſang doivent ſeuls vous guider,
Ou le pere & l'ami doivent ſeuls décider.
Daignez me diſpenſer d'en dire davantage
Sur ces combats affreux où vôtre cœur s'engage;
Seigneur, dès qu'il s'agit de ſi grands interêts,
Hélénus craint ſur-tout les reproches ſecrets.
J'avoüerai cependant que ce Pyrrhus m'étonne;
Eſt-il digne des ſoins qu'un ſi grand Roi ſe donne ?
Vous faites tout pour lui, que fait-il donc pour vous?
Et quel déguiſement le cache parmi nous ?
Peut-il être en ces lieux, ſi voiſin d'un perfide,
Sans le ſacrifier aux mânes d'Æacide ?
Sans faire pour mon frere un généreux effort ?
Un deſcendant d'Achille a-t'il peur de la mort ?

GLAUCIAS

Mon fils, n'inſultez point au malheur qui l'opprime;
Pyrrhus n'en eſt pas moins digne de nôtre eſtime;
Dans l'état où je ſuis pourroit-il me venger,
Sans mettre mon honneur & mes jours en danger ?
Le fier Lyſimachus nous tient tous pour ôtages;
Mais ma foi ſuffiſoit ſans ces precieux gages;
Mon ennemi lui-même oſe s'y confier,
Sûr, qu'à ſa foi mon cœur ſçait tout ſacrifier.
Adieu, je vais revoir ce tyran que j'abhorre,
Le flêchir s'il ſe peut, ou le tenter encore.

Que n'offrirai-je point pour Pyrrhus & mon fils ?
Mon cœur pour les fauver ne connoît point de prix.

SCENE QUATRIEME.

HELENUS

O Roi trop vertueux ! un exemple fi rare
Puiffe-t'il défarmer un ennemi barbare ,
Et fervir de leçon aux Rois peu genereux
A ne pas délaiffer leurs amis malheureux.
Hélas que je vous plains & que je vous admire !
Sentimens de vertu que la pitié m'infpire,
Mon frere peut perir, mon frere eft mon rival,
Ne vous devrois-je point à mon amour fatal ?
Ah n'eft-ce point à lui que l'honneur facrifie ?
Mon frere ainfi que moi brûle pour Ericie.
Prend garde qu'en ton cœur, trop fenfible Hélénus,
Ericie aujourd'hui ne parle pour Pyrrhus.
Fais-toi d'autres vertus dont le choix legitime
N'offre point avec lui l'apparence du crime.
Quand du moindre interêt le cœur eft combattu,
Sa generofité n'eft plus une vertu.
Mon frere eft dans les fers d'un ennemi perfide,
Monftre nourri de fang, & de meurtres avide ;
Voilà ce qui me doit parler pour Illyrus ;
Laiffons aux Dieux le foin du malheureux Pyrrhus,

Trop de pitié pour lui me touche & m'interesse.
J'entends du bruit, on vient, ô Ciel ! c'est la Princesse.

SCENE CINQUIEME.

HELENUS, ERICIE, ISMENE.

HELENUS

MAdame, & quel bonheur vous presente à mes
   yeux,
Lors qu'à peine le jour vient d'éclairer ces lieux ?
Puisse cet heureux jour confirmer l'avantage
Que me fait esperer un si charmant présage.

ERICIE

S'il dépendoit de moi de le rendre plus doux,
Seigneur, bien-tôt la paix regneroit entre nous.
J'allois offrir aux Dieux les vœux les plus sinceres,
Les prier de flêchir la haine de nos Peres.

HELENUS

Le vôtre avec la paix offre ici vôtre main.
Mais hélas qu'il en fait un present inhumain !
Juste Ciel ! se peut-il que d'un objet si rare
Une aveugle fureur fasse un present barbare !
Et que ce même himen qui combleroit nos vœux,
Soit devenu le prix du sang d'un malheureux !

ERICIE

Seigneur, de ce present j'ignore le mistere,

Et ne me charge point des fecrets de mon pere,
Mais, s'il faut fans détour s'expliquer avec vous,
La paix n'eft pas l'objet de vos vœux les plus doux;
Vôtre cœur élevé dans le fein des allarmes
N'interrompt qu'à regret le tumulte des armes :
Le fang, les cris, les pleurs, cent Peuples gémiffants;
Voilà pour vos pareils, les objets raviffants.
Vôtre nom n'a-t'il pas affez rempli la terre ?
Qu'a-t'il befoin encor des horreurs de la guerre ?
Mon pere offre la paix, vôtre frere y confent,
Elle trouve en vous feul un obftacle puiffant;
Vôtre haine pour nous éclatte en ma prefence,
Sans daigner un moment fe contraindre au filence :
Je vois qu'en vain mon pere efperoit aujourd'hui
Vous trouver pour la paix de concert avec lui;
Ne me déguifez point ce qu'il en doit attendre;
Du moins accordez-lui la grace de l'entendre;
Ce Prince vous demande un moment d'entretien,
J'ofe vous en prier . . . . vous ne répondez rien,
Seigneur! vous frémiffez au feul nom de mon pere!
Ah je n'exigeois pas un aveu plus fincere.

HELENUS

D'un reproche cruel accablez moins mon cœur,
Madame, je fens trop à qui j'en dois l'aigreur.
Je vois que pour la paix le vôtre s'intereffe,
Et je crois entrevoir le motif qui le preffe.

Illyrus avec vous de concert pour la paix,
A remis en vos mains de ſi chers interêts :
Mais la guerre pour moi peut ſeule avoir des charmes,
Et je ne me nouris que de ſang & de larmes;
Je ſuis un furieux que rien ne peut toucher.
Ah Madame, eſt-ce à vous de me le reprocher ?
Si j'étois moins ſuſpect de traverſer mon frere,
Vous m'accuſeriez moins de haïr vôtre pere.
Je ne vous nierai pas que peut-être ſans vous
Rien n'eut pû le ſouſtraire à mon juſte couroux;
Que ce même Palais nôtre commun azile,
N'auroit été pour lui qu'un rempart inutile.
Mais peut-il avec vous craindre des ennemis ?
Les plus fiers ne ſont pas ici les moins ſoumis.
Les cœurs nouris de ſang & de projets terribles,
N'ont pas toûjours été les cœurs les moins ſenſibles.
Le mien éprouve enfin que les plus grands hazards
Ne ſe trouvent pas tous ſur les traces de Mars.
Dès mes plus jeunes ans enchaîné par la gloire
Je n'ai connu d'autels que ceux de la victoire :
Mais vous m'avez appris qu'il n'étoit point de cœur
Qui ne dût à la fin redouter un vainqueur.

ERICIE

A cet aveu ſi prompt j'ai dû ſi peu m'attendre,
Que l'étonnement ſeul m'a forcée à l'entendre.
Mon pere eſt en ces lieux, Seigneur, c'eſt avec lui

Qu'il falloit sur ce point s'expliquer aujourd'hui.
Je sçais pour vos vertus jusqu'où va son estime,
Et la mienne jamais ne fut plus legitime :
Ainsi loin d'affecter cet orgüeil éclatant
Dont la fierté s'honore & le cœur se repent,
J'avoüerai sans détour que j'ai craint vôtre haine ;
Et ne vous ai point vû nôtre ennemi sans peine ;
Vous qui nous apprenez par cent faits glorieux
Qu'on peut voir des Mortels aussi grands que les
  Dieux,
Tels enfin qu'à l'amour un grand cœur infléxible
Pourroit les souhaiter pour devenir sensible.
Mais malgré cet aveu que j'ai cru vous devoir,
L'estime est le seul bien qui soit en mon pouvoir.
Si vôtre amour ne peut se soumettre au silence,
Songez qu'il doit ailleurs porter sa confidence.
Mon pere veut vous voir, quels que soient ses desseins,
Vous sçavez peu fléchir, Seigneur, & je vous crains.
Daignez vous souvenir que ce Prince est mon pere,
Qu'il m'est cher encor plus que je ne lui suis chere ;
Que jamais de son rang on ne fut plus jaloux.
Tout dépend de l'accüeil qu'il recevra de vous.
Je crois, après ce mot, n'avoir rien à vous dire,
J'en ai même trop dit, s'il ne peut vous suffire.

SCENE

SCENE SIXIE'ME.

HELENUS

O Ciel, en quel état me trouvai-je réduit !
Cher espoir d'un amour qui m'avez trop séduit,
Vous m'offrez vainement la Princesse que j'aime ;
Mon cœur oubliera tout devant Néoptoléme.
Qui, lui m'entretenir, & que veut-il de moi ?
Je ne sentis jamais tant d'horreur ni d'effroi.
J'abhorre ce Tyran, & son aspect farouche
L'emporte dans mon cœur sur l'amour qui le touche.
N'importe, il faut le voir, n'allons point en un jour
Hazarder le succès d'un malheureux amour.
Quels que soient les transports dont mon ame est
 saisie,
Je sens que les plus grands sont tous pour Ericie.
Mais Illyrus paroît, sortons.

SCENE SEPTIE'ME.

ILLYRUS, HELENUS, GARDES.
ILLYRUS

P Rince, un moment,
J'ai besoin avec vous d'un éclaircissement.

B

Gardes, * éloignez-vous. Répondez-moi mon frere,
Puis-je avec vous ici m'expliquer sans mistere ?

HELENUS

Oüi, Seigneur, vous pouvez parler en liberté.

ILLYRUS

Calmez donc les soupçons dont je suis agité.
Avec empressement vous cherchez Ericie,
Et je ne puis souffrir vos soins sans jalousie.
Vous sçavez que je l'aime, & vous n'ignorez pas
Que l'hymen à mon sort doit unir tant d'appas.
Avec elle en ces lieux que faisiez-vous encore ?
Parlez.

HELENUS

Je lui disois, Seigneur, que je l'adore.

ILLYRUS

Hélénus ! Songez-vous que vous parlez à moi,
Et qu'Illyrus un jour doit être vôtre Roi ?

HELENUS

Je vous obéïrai quand vous serez mon maître,
Si le destin m'abaisse au point d'en reconnoître ;
Jusques-là, mon amour craint peu vôtre pouvoir.
Je sçais jusqu'où s'étend la regle du devoir ;
Mais j'ignore, Seigneur, ces tristes sacrifices
Qui font gémir un cœur en d'éternels supplices.
Le mien qui ne connoît ni crainte, ni détour,

* A ses Gardes.

Regarde d'un même œil & la guerre & l'amour.
Sans le peril affreux dont le fort vous menace,
Vous verriez fur ce point jufqu'où va mon audace.
Mais Hélénus fenfible autant que genereux,
N'a jamais fçu, Seigneur, braver les malheureux.
Si l'amour vous livroit le cœur de la Princeffe,
Ma fierté fuffiroit pour bannir ma tendreffe :
Mais fi l'amour auffi daigne me l'accorder,
Jufqu'au dernier foupir je fçaurai le garder.
Adieu, Seigneur.

SCENE HVITIE'ME.

ILLYRUS, GARDES.

ILLYRUS

INgrat, d'un orgeüil qui m'offenfe,
Je te ferai fentir jufqu'où va l'impuiffance.
Illyrus, tu le vois, ce n'eft plus un fecret ;
On ofe t'avoüer un amour indifcret,
Et l'on te brave encor ! Ah ma perte eft jurée ;
Mon rival m'a fait voir qu'elle étoit affûrée.
Glaucias abandonne un fils infortuné,
Qu'on ne braveroit pas s'il n'étoit condamné.
On me voit dans les fers avec indifference ;
On n'a pour mon rival que de la déference ;

B ij

Glaucias à mes yeux le nomme fon appui,
C'eft fon Dieu tutélaire, enfin c'eft tout pour lui.
Cependant, fi j'en crois ma jufte défiance,
Mon pere a de ce fils fuppofé la naiffance.
Le miftere profond qu'il me fait de Pyrrhus,
Un refpect qu'il ne peut cacher pour Hélénus,
Et fur ce point, malgré fa prévoyance extrême,
Quelques mots échappez à Glaucias lui-même,
N'éclairciffent que trop fes funeftes fecrets.
Hélénus, tu n'eft pas ce que tu nous parois.
Je vois que c'eft à toi que l'on me facrifie;
Et je pourrois d'un mot mettre au hazard ta vie;
Mais un trait fi perfide eft indigne de moi,
Et je veux être encor plus genereux que toi.
Puifqu'on me l'a permis, allons trouver mon pere,
De fes délais enfin je perce le miftere;
Mais fans nous prévaloir de fon fecret fatal,
Montrons-nous aujourd'hui plus grand que mon rival.
Humilions fon cœur en lui faifant connoître
Des fentimens d'honneur qu'il n'auroit pas peut-être.

ACTE SECOND.

SCENE PREMIERE.

NEOPTOLEME, ERICIE.

NEOPTOLEME

Vous ne m'apprenez rien de cette vive ardeur,
Que je n'euſſe déja penetré dans ſon cœur ;
Je n'ai vû qu'une fois ce guerrier invincible,
Qu'on dit par tout ailleurs ſi fier & ſi terrible ;
Mais à vôtre aſpect ſeul, ma fille, auſſi ſoumis,
Qu'il paroît redoutable à tous ſes ennemis.
Ainſi, ſur cet amour que je prévois ſincere,
Je vais vous découvrir mon ame toute entiere.
Je regne, mais combien m'a coûté ce haut rang !
Et qu'eſt-ce enfin qu'un Sceptre encor ſoüillé deſang !
Prétexte à mes Sujets de recourir aux armes,
Source pour moi d'ennuis, de remors, & d'allarmes.
Illyrus eſt vaillant, mais il n'eſt que ſoldat,
Et la ſeule valeur défend mal un Etat ;

B iij

Heritier d'un grand Roi, trop puiſſant, qui peut-être
Au lieu d'un défenſeur, me donneroit un Maître.
J'ai beſoin d'un Héros qui tenant tout de moi,
Trouve en mes interêts de quoi veiller pour ſoi.
Hélénus, à la fois ſoldat & Capitaine,
N'attend que du deſtin la grandeur ſouveraine;
En l'uniſſant à vous par un ſacré lien
Je m'en fais pour moi-même un éternel ſoutien;
Il eſt né genereux, & ſa reconnoiſſance
Ne m'enviera jamais la ſuprême puiſſance.
Voilà le ſucceſſeur que je me ſuis choiſi,
Et c'eſt pour l'en preſſer que je l'attends ici.
D'ailleurs, qui mieux que lui peut engager ſon pere
A ſacrifier tout à ma juſte colere?
Chéri de Glaucias, c'eſt le ſeul Hélénus
Qui pourra le forcer à me livrer Pyrrhus.

ERICIE

Seigneur, ſur ſes projets qu'un grand Roi lui confie,
Daignera-t'il entendre un moment Ericie?
Je n'examine point quel ſera mon époux,
Son choix, vous le ſçavez, ne dépend que de vous;
Ainſi j'obéïrai. Ce qui me reſte à dire
C'eſt vôtre gloire ici qui ſeule me l'inſpire.
D'un cœur rempli pour vous d'amour & de reſpect
Quel ſentiment, Seigneur, pourroit être ſuſpect?
Souffrez, que m'élevant juſqu'à Néoptoleme,

J'aille, fans l'offenfer, le chercher dans lui-même.
C'eft l'Univers entier qui parle par ma voix,
Que j'ofe interpréter pour la premiere fois.
Vous vous êtes vengé ; le meurtre d'Æacide
Pour tout autre qu'un Roi feroit un parricide ;.
Mais fi vous répandez le refte infortuné
De ce fang que les Dieux vous ont abandonné,
Les interêts d'Etat, le Thrône & fes maximes,
La politique enfin, voile de tant de crimes,
Ne feront déformais que de foibles garants
Pour vous fauver des noms qu'on prodigue aux
      Tyrans.
Quand même à vos defirs fon fils pourroit foufcrire,
Glaucias voudra-t'il qu'il regne fur l'Epire ?
Que du fang de Pyrrhus il achette ma main,
D'un fang que deux grands Rois redemandent envain ?
Lui, qui pour conferver une tête fi chere,
Semble avoir étouffé les fentimens d'un pere ?
Si vous vous attachez le grand cœur d'Hélénus,
Que peut vous importer le trépas de Pyrrhus ?
Laiffez vivre, Seigneur, un Prince, dont la vie
D'aucun malheur pour vous ne peut être fuivie.
Æacide, ennemi des Princes de fon fang,
Vous força malgré vous de lui percer le flanc.
Si fa mort fut pour vous un crime involontaire
Que fon inimitié vous rendit neceffaire,
          B iiij

Le falut de fon fils, qui peut feul l'expier,
Plus neceffaire encor doit vous juftifier ;
Et vous vous attachez à la feule victime
Qui pouvoit expier, ou confommer le crime !

NEOPTOLEME

Tant que Pyrrhus vivra, mes Sujets ennemis
A ce funefte nom fe croiront tout permis ;
Et le fier Hélénus, fut-il plus grand encore,
Ne me fauveroit point d'un peuple qui m'abhorre.
Les Dieux, en me livrant le fuperbe Illyrus,
Ont prononcé l'Arrêt du malheureux Pyrrhus ;
Il m'a trop fait trembler, il eft temps qu'il périffe.
Glaucias m'en refufe envain le facrifice ;
Je ne peux, qu'à ce prix, arrêter fes projets,
Et fixer entre nous une conftante paix.
Son cœur en gémira, mais vôtre himen, ma fille,
Uniffant pour jamais l'une & l'autre famille,
Calmera la douleur d'un Roi trop genereux
Qui peut par cet himen rendre Hélénus heureux.
Que Glaucias y foit favorable ou contraire,
Du trépas de Pyrrhus rien ne peut me diftraire.
Que l'Univers alors éclatte contre moi ;
Un crime neceffaire eft pour nous une Loi.
Voulez-vous, qu'écoutant un difcours temeraire,
J'afferviffe le Sceptre aux erreurs du vulgaire ?
Heureux, qu'à nôtre égard fon imbécillité

Nous affûre du moins de fa docilité ;
A tout ce qui nous plaît c'eft à lui de foufcrire ;
Dès que fans le troubler il nous laiffe l'Empire,
Laiffons-lui des difcours dont il eft fi jaloux ;
Ce qui fait fes vertus feroit vice pour nous.
Le Peuple, en ce qui flatte ou choque fa manie,
Trouve de la juftice, ou de la tyrannie ;
Nous ne nous reglons point au gré de fes erreurs.
Les Dieux ont leur juftice, & le Thrône a fes mœurs.
Mais Glaucias paroît, ma fille, allez m'attendre.
Quel deffein le conduit, & que vient-il m'apprendre?

SCENE DEUXIEME.

GLAUCIAS, NEOPTOLEME.

GLAUCIAS

SEigneur, vous triomphez, Androclide eft défait ;
Je ne fçais fi fa honte eft pour vous un fecret ;
Mais fous vos Loix l'Epire eft deformais réduite,
Caffander l'a foumife, ou plûtôt l'a détruite.
Je ne vous cache point les pertes que je fais,
Et je vous viens moi-même annoncer vos fuccès.
Le deftin vous éleve, & le Ciel m'humilie ;
J'ai commandé long-temps, aujourd'hui je fupplie.
Voyons l'ufage enfin, qu'en nos fuccès divers,
Vous ferez du triomphe, & moi de mes revers.

L'infortuné Pyrrhus n'eſt plus pour vous à craindre;
Sans être trop humain, je crois qu'on peut le plaindre;
La pitié, ſur ce point, dans un cœur irrité
N'a pas mêmê beſoin de generoſité.
J'ai protegé ſans fruit ce Prince déplorable;
Tout s'arme contre lui, tout vous eſt favorable;
Mais vous connoiſſez trop ma conſtance & ma foi,
Pour croire que le ſort ſoit au-deſſus de moi.
Je ne vous parle point d'une vaſte puiſſance
Qui vous fit ſi long-temps éprouver ma vengeance.
A peine vôtre cœur ſe feroit ſatisfait,
Que vous ſçavez aſſez quel en ſeroit l'effet.
Regnez donc, puiſqu'ainſi le deſtin en ordonne;
Sans remors, & ſans droit, gardez une Couronne
Qu'un autre nommeroit le prix de vos forfaits,
Que je vais cependant conſacrer par la paix.
Je rends à Caſſander la Macedoine entiére;
Tout ce que j'ai conquis ſera vôtre frontiére.
Je n'armerai jamais en faveur de Pyrrhus;
Et je conſens enfin à l'himen d'Illyrus.
Je fais plus, je promets, Seigneur, que vôtre vie
Jamais de mon aveu ne ſera pourſuivie;
Qu'à Pyrrhus je tairai ſon nom & ſes ayeux;
J'en jure par ce fer, j'en jure par les Dieux.
J'ai tout dit, répondez.

NEOPTOLEME

Où donc eſt l'avantage
D'une paix dont Pyrrhus ne ſeroit point le gage ?
Il eſt vrai que mon ſort, Seigneur, a bien changé ;
Mais pour vous craindre moins, en ſuis-je plus vengé?
L'Epire en ſera-t'elle à mes Loix plus ſoumiſe ?
Mes jours plus à couvert d'une lâche entrepriſe ?
Si Pyrrhus ſe connoît, pourra-t'il oublier
Que ſon pere fut Roi, qu'il eut un meurtrier,
Qu'il vit, & qu'entre nous un coup irréparable
Doit oppoſer ſans ceſſe un vengeur au coupable ?
Malgré les nœuds du ſang dont nous ſortions tous
      deux,
Il fallut m'immoler un Roi trop ſoupçonneux,
Je ne m'en cache point ; ſi c'eſt un parricide,
On ne doit l'imputer qu'aux rigueurs d'Æacide,
Son Thrône, après ſa mort, étoit le ſeul abri
Que je puſſe choiſir à mon honneur flétri.
Je ne vis qu'un bandeau qui pût ſauver ma tête.
La force en fit le droit, un meurtre la conquête,
Il eſt vrai ; mais combien de Thrônes ſont remplis
Par les uſurpateurs qui s'y ſont établis ?
Vôtre ayeul en fut un ; j'en nommerois mille autres
Qui n'eurent pour regner d'autres droits que les
      nôtres.
Quoi qu'il en ſoit, Seigneur, je demande Pyrrhus,

Et ne peux qu'à ce prix relâcher Illyrus.
De vos foins vertueux outrez moins la chimere;
Et reffouvenez-vous que vous êtes fon pere;
Que s'il périt, c'eft vous qui le voulez ainfi;
Que c'eft vous, plus que moi, qui l'immolez içi.
Enfin que c'eft vous feul qui m'impofez un crime
Que la neceffité va rendre legitime.
Vous mentendez, Seigneur, adieu point de traitez,
Si du fang de Pyrrhus vous ne les cimentez.

GLAUCIAS

Ah! cruel, arrêtez, puifqu'il vous faut un gage,
Si c'eft peu de ma foi, prenez-moi pour ôtage.
Je fuis prêt de vous fuivre en ces mêmes climats,
Où j'ai porté cent fois la flâme & le trépas.
Si ce n'eft pas affez de vous ceder un Thrône,
Prenez encor le mien, & je vous l'abandonne.
Mais ne réduifez point un Prince vertueux
A trahir en Pyrrhus fon honneur & fes Dieux.
Quand je reçus ce Prince échappé de vos armes,
Son berceau fut long-temps arrofé de mes larmes;
Je regardai Pyrrhus comme un prefent divin
Que le Ciel m'ordonnoit de cacher dans mon fein.
Enfin Pyrrhus m'eft plus que fi j'étois fon pere;
Je répondrois aux Dieux d'une tête fi chere;
Les ferments les plus faints ont répondu de moi,
Et je mourrois plûtôt que de trahir ma foi.

Il n'eſt fils ni ſujets que je ne ſacrifie
Au ſoin de conſerver ſa déplorable vie.

NEOPTOLEME

Hé bien, vous pouvez donc au ſortir de ce lieu,
Aller dire à ce fils un éternel adieu.

GLAUCIAS

Pour dérober ce fils à ta main meurtriere,
Je me ſuis abaiſſé juſques à la priere ;
Mais c'eſt trop honorer un lâche tel que toi,
Que de lui témoigner le plus leger effroi.
Je brave ta fureur, ſi tu braves ma plainte.
Un monſtre doit cauſer plus d'horreur que de crainte.
Délivre, ou perds mon fils, je le laiſſe à ton choix,
Et je cours l'embraſſer pour la derniere fois :
Oüi, barbare, je vole à cet adieu funeſte.
Mais toi tremble en ſongeant au vengeur qui me
reſte.

SCENE TROISIEME.

NEOPTOLEME

Dans quel étonnement laiſſe-t'il mes eſprits !
Peut-on juſqu'à ce point abandonner un fils !
Eſt-ce ferocité, vertu, devoir, courage !
De quel nom appeller ce bizarre aſſemblage !
Quel oubli de ſoi-même ! & quel mélange affreux

De pere fans tendreffe & d'ami genereux !
Dépoüille-t'on ainfi les entrailles de pere !
Quelles fauvages mœurs.! ou plûtôt quel miftere !
Je l'ai trop admiré fur fa fauffe vertu ;
De foins bien differents un pere eft combattu.
Glaucias m'abufoit, & fon indifference
Pour un fils fur qui va retomber ma vengeance,
Me fait voir où mon bras doit adreffer fes coups.
Je reconnois enfin l'objet de mon courroux ,
Il eft entre mes mains ; le Prince d'Illyrie
N'eft autre que Pyrrhus que l'on me facrifie ;
Puis-je en douter encor ? mais je vois Hélénus ;
J'éclaircirai bientôt mes foupçons fur Pyrrhus.

SCENE QUATRIEME.

HELENUS, NEOPTOLEME.

NEOPTOLEME

HEros, dont les exploits font revivre Alexandre ;
Ou plûtôt qui femblez renaître de fa cendre ;
Qui jeune encor , ofez faire voir aux humains,
Qu'on peut même prétendre à de plus hauts deftins.
Souffrez qu'un ennemi forti du fang d'Achille,
Sang qui n'offrit jamais un hommage fervile ,
S'acquitte cependant des innocens tributs
Que tout cœur genereux doit rendre à vos vertus.

Le mien, quoi qu'irrité d'une guerre inhumaine,
Vous partagea long-temps son estime & sa haine;
Mais l'estime eut toûjours dequoi la surpasser,
Et ce que l'une a fait, l'autre veut l'effacer.
J'ai proposé la paix, & la main d'Ericie;
Je l'ai moi-même offerte au Prince d'Illyrie;
Pouvois-je présumer que ses foibles attraits,
D'un triomphe plus beau comblant tous mes sou-
　　haits,
Subjugueroient, Seigneur, un guerrier intrépide
Qui de nouveaux lauriers paroît toûjours avide.
C'est à lui que je parle, & je n'ai pas besoin
De rappeller ses traits & son nom de plus loin.
Daignez me confirmer un amour qui me flatte;
Les momens nous sont chers, il est temps qu'il éclatte,
Seigneur, c'est un aveu que j'éxige de vous,
Et je n'en puis entendre un qui me soit plus doux.

HELENUS

Les charmes d'Ericie, & tout ce qu'elle inspire
En disent plus, Seigneur, que je n'en pourrois dire;
Heureux si les vertus dont vous m'avez flatté
Lui paroissoient d'un prix digne de sa beauté.
Il est vrai que je l'aime, & n'en fais point mistére;
J'ai cru même devoir l'avoüer à mon frere;
Mais Glaucias l'ignore, & du don de ma foi,
Je ne puis disposer sans l'aveu de mon Roi.

Mon cœur indépendant du pouvoir arbitraire
Se livre sans contrainte à ce qui peut lui plaire ;
Mais cette liberté n'étend pas son pouvoir
Jusqu'à braver les loix d'un trop juste devoir ;
Je fais gloire du mien, & jamais pour un pere
Amour ne fut plus grand, ni respect plus sincere ;
Mais c'est moins en sujet que je lui suis soûmis,
Que par des sentimens qui sont plus que d'un fils.

NEOPTOLEME

S'il est vrai qu'Hélénus brûle pour Ericie,
Prince, je réponds d'elle, & du Roi d'Illyrie.
Glaucias vous chérit ; & verra sans regret
Le choix que mon estime & vôtre amour ont fait.
Quel successeur plus grand & plus digne d'Achille
Pouvois-je présenter à l'Epire indocile ?
Qu'il m'est doux de pouvoir en couronnant vos feux,
Rendre à la fois ma fille & mes Sujets heureux.

HELENUS

Cessez de vous flatter d'une esperance vaine ;
Glaucias à la paix peut immoler sa haine,
Mais ne souffrira point que je sois possesseur
D'un Thrône dont Pyrrhus est le seul successeur ;
Nos malheurs, il est vrai, vous en ont rendu maître,
Et tant que vous vivrez vous pourrez toûjours l'être ;
Je doute cependant qu'on vous laisse jamais
Le droit d'en disposer au gré de vos souhaits.

Mon

Mon himen, ou celui du Prince d'Illyrie,
Pourra vous garantir & le Sceptre & la vie.
Mais Pyrrhus, après vous reprenant tous ses droits,
A l'Epire, Seigneur, doit seul donner des loix.
Qui peut lui disputer alors ce diadême ?
Et malgré mon amour, sçavez vous si moi même
Je pourrois consentir à l'en voir dépoüiller,
Et d'un Thrône usurpé ma gloire se soüiller ?

NEOPTOLEME

Et quel est donc le but de la paix qu'on demande,
S'il faut que de Pyrrhus ma couronne dépende ?
Je n'aurai donc vaincu que pour être soumis,
Et que pour voir sur moi regner mes ennemis ?
Que pour voir un himen qui dépoüille ma fille,
Comme une grace encor qu'on fait à ma famille ?
Le sort, en remettant la victoire en nos mains,
Nous a fait concevoir de plus nobles desseins.

HELENUS

Oüi, vous avez vaincu, mais l'honneur & la gloire
Ne suivent pas toûjours le char de la victoire;
Il en est qu'on ne doit imputer qu'au hazard;
La vôtre est de ce rang, le sort vous en fit part,
Et l'arracha des mains d'un ennemi terrible,
Dont vous n'aviez pas crû la défaite possible;
Si mon sang répandu vous a fait triompher,
Ce n'est pas vous du moins qui le fites couler.

C

Le fort à mes pareils peut garder un outrage ;
Mais l'on n'obtient fur eux de parfait avantage
Qu'on ne les ait privez de la clarté du jour ;
Ou l'on n'en peut trop craindre un funefte retour.
Seigneur, je vous ai dit qne j'aimois la Princeffe ;
Ses charmes peuvent feuls égaler ma tendreffe ;
Mais je n'ai defiré que fon cœur & fa main ;
Ma valeur peut lui faire un affez haut deftin,
Sans que j'aille à Pyrrhus ravir un diadême
Qui deshonoreroit vôtre fille elle-même.
Pour vous, qui vous ofez déclarer mon vainqueur,
Montrez des fentimens dignes de tant d'honneur.

NEOPTOLEME

Je vois bien qu'il eft temps que je me faffe entendre ;
Et que vous fçachiez, vous, ce que j'ofe prétendre.
Je ne fçais de quel prix Ericie eft pour vous ;
Mais fi de l'obtenir vôtre amour eft jaloux,
Si fa main eft un bien qui vous femble fi rare,
Il faut qu'à me fervir vôtre cœur fe prépare.
Je demande Pyrrhus, ma fille eft à ce prix ;
Tout autre n'eft pour moi que refus ou mépris,
Voilà ce que de vous exige ma vengeance.
Vous, qui fur Glaucias avez toute puiffance,
Portez-le dès ce jour à remplir mes fouhaits,
Ou déterminez-vous à ne nous voir jamais.

HELENUS

Vous-même eussiez envain tenté cette entrevûë,
Sans les soins d'Ericie à qui seule elle est dûë.
Mais sur cet entretien si l'on m'eût pressenti,
Un mépris éternel m'en auroit garanti.
Barbare, voilà donc le fruit de vôtre estime ?
Un himen, qui pour dot m'apporteroit un crime !
Dès qu'il faut s'allier à vous par un forfait,
Gardez à Cassander ce funeste bienfait.
Et ne vous vantez plus d'être du sang d'Achille ;
Ce sang qui fut toûjours en Héros si fertile,
Ne pourroit inspirer des sentimens si bas ;
Vous en êtes soüillé, mais vous n'en sortez pas.
Si je pouvois penser que la jeune Ericie
Eut reçû vos penchants de vous avec la vie ;
Ce ne seroit pour moi qu'un objet plein d'horreur ;
Cruel, si vous voulez lui conserver mon cœur,
Déguisez mieux du moins cet affreux caractere
Qui me feroit rougir de vous nommer mon pere.
Montrez-moi des vertus qui vous fassent aimer,
Et qui dans mon amour puissent me confirmer.
Ce n'est pas vôtre rang, c'est la vertu que j'aime ;
Sans elle, vous m'offrez envain un diadême.
Deussiez-vous m'élever à des honneurs divins,
Je vous prefererois le plus vil des humains.
Je me vois à regret forcé de vous confondre ;

Mais vous deviez prévoir ce que j'ai dû répondre.
N E O P T O L E M E
Hé bien, Prince, suivez ces transports genereux;
Mais ressouvenez-vous que pour vous rendre heu-
　　　reux,
J'ai voulu pénétrer jusqu'au fond de vôtre ame,
Et voir ce que pour nous oseroit vôtre flâme;
Car sans vôtre secours je serai satisfait;
Vous m'avez de Pyrrhus fait envain un secret,
Il est en mon pouvoir; c'est Illyrus lui-même
Que son triste destin livre à Néoptoléme.
H E L E N U S
Qui, lui Pyrrhus, Seigneur! mais non, pensez-y
　　　bien.....
N E O P T O L E M E
Adieu, vous-même ici pesez nôtre entretien.
Je n'oublierai jamais un refus qui me blesse;
Et j'en vais de ce pas instruire la Princesse.

SCENE CINQUIEME.
H E L E N U S
AH tyran! de quel trait viens-tu frapper mon
　　　cœur!
Vertu dont les transports me coûtent mon bonheur,
Pour le prix de t'avoir sacrifié ma flâme,

Sauve-moi des regrets qui déchirent mon ame ;
Tourne vers mon rival mes soins & ma pitié,
Et ranime pour lui ma premiere amitié.

Illyrus est Pyrrhus ! mais d'où vient que mon pere
M'en a fait si long-temps un barbare mistere ?
M'auroit-il soupçonné d'être moins genereux,
Et moins touché que lui du sort d'un malheureux ?
Hélàs ! quoi qu'il ait fait pour défendre sa vie,
Tout ce qu'il a perdu valoit-il Ericie ?
C'est Pyrrhus qui me l'ôte, & par un sort fatal
Je suis réduit encore à pleurer mon rival !
Allons trouver mon pere, & cessons de nous plaindre.
Etouffons sans regret des feux qu'il faut éteindre ;
Voilà des ennemis dignes de mon courroux ;
Le triomphe du moins en est beau, s'il n'est doux.
Héros, qui pour tout bien, recherchez la victoire,
Qu'un peu de sang perdu couvrit souvent de gloire ;
Pour en sçavoir le prix, c'est peu d'être guerrier,
Il faut avoir un cœur à lui sacrifier.

ACTE TROISIÉME.

SCENE PREMIERE.

ERICIE, ISMENE.

ERICIE

T U combats vainement mon deſeſ-
　　poir funeſte ;
La plainte, chere Iſmene, eſt tout
　　ce qui me reſte ;
Laiſſe-moi le ſeul bien des cœurs
　　infortunez,
Que ſous d'indignes fers, l'amour tient enchaînez.
Lieux témoins de ma honte & d'un perfide hommage
Payé de tout mon cœur, & ſuivi d'un outrage,
Lieux où j'ai crû ſoumettre un Héros à mes loix,
Hélas ! je vous vois donc pour la derniere fois.
Pardonne ces tranſports à mon ame éperduë ;
On me mépriſe, Iſmene, & la paix eſt rompuë ;
Nous reverrons bien-tôt, l'acier cruel en main,
Fondre dans nos Etats un guerrier inhumain ;
Et pour comble de maux, il faut partir, Iſmene ;

Sans pouvoir contre lui faire éclatter ma haine,
Je fais pour le trouver des souhaits superflus ;
Inutiles transports ! je ne reverrai plus
Ce cruel Hélenus que ma raison abhorre,
Que ma gloire déteste & que mon cœur adore.
Ismene, je le vois ! ah mortelles douleurs !
Je succombe, & n'ai plus que l'usage des pleurs.
Fuyons : n'exposons point au mépris d'un barbare,
Les foiblesses d'un cœur où la raison s'égare.

SCENE DEUXIE´ME.

HELENUS, ERICIE, ISMENE.

HELENUS

PRès de voir succéder, peut-être pour jamais,
    Les horreurs de la guerre aux douceurs de la paix;
Dans ce triste moment, où vôtre ame irritée
Contre un infortuné n'est que trop excitée,
M'est-il encor permis d'offrir à vos beaux yeux
Un amant qui ne peut que vous être odieux ?
Si je ne vous croyois genereuse, équitable,
Madame, je craindrois de paroître coupable:
Mais que peut craindre un cœur qui remplit son de-
        voir ?
Et qu'ai-je à redouter que de ne vous plus voir ?

                                  C iiij

Je ne vous dirai point que je vous aime encore;
Malgré ce que j'ai fait, mon ame vous adore;
Mes refus m'ont privé de l'espoir le plus doux,
Mais n'ont point étouffé ma tendresse pour vous.
D'un rigoureux honneur déplorable victime,
Tendre amant sans foiblesse, & coupable sans crime,
D'un vertueux effort touché sans repentir,
Mon cœur sent cependant tout ce qu'il peut sentir;
Et si pour exciter le vôtre à la vengeance,
Ma generosité lui parut une offense;
S'il a pû souhaiter de me voir malheureux,
Non, jamais le destin n'a mieux rempli vos vœux.

ERICIE

Que parlez-vous ici de haine & de vengeance?
Non, ne redoutez rien de mon indifference.
Quel desespoir éclatte, ou que soupçonnez-vous,
Pour oser vous flatter d'un instant de courroux?
Cessez de vous troubler d'une frayeur si vaine;
C'est supposer l'amour, que de craindre la haine:
Mais jusques-là mon cœur ne sçait point s'enflammer;
C'est aux amants chéris, Seigneur, à s'allarmer.

HELENUS

Je sçai que je dois peu ressentir leurs allarmes;
Je craignois d'avoir fait une injure à vos charmes:
Mais au ressentiment, si mon cœur s'est mépris,
C'est qu'il se crut toûjours au-dessus du mépris.

Ce n'eſt pas ſe flatter que de craindre, Madame;
Jamais un faux orgüeil n'a corrompu mon ame;
La vertu ſeule y mit une noble fierté,
Que l'amour laiſſe agir, même avec dignité;
Qui n'a fait aujourd'hui que ce qu'elle a dû faire.
Heureux d'être un objet peu digne de colere,
Qui n'oſant me flatter de l'honneur d'être aimé,
Crois meriter du moins celui d'être eſtimé.
Madame, je vois trop qu'un recit peu fidelle
M'a fait de mon devoir une lâche querelle:
Mais ſi vôtre courroux vous paroît trop pour moi,
Songez qu'ici le mien doit cauſer de l'effroi.
Ceux qui de mes refus ont noirci l'innocence,
En recevroient bien-tôt la juſte récompenſe,
Si mon amour pour vous ne daignoit retenir
Un bras qui n'eſt ſouvent que trop prompt à punir,
Malgré tous vos mépris je ſens que je vous aime:
Mais je n'ai jamais tant haï Néoptoleme.
Si jamais vôtre cœur a pû trembler pour lui,
Dans les murs de Byſance arrêtez-le aujourd'hui.
Je ſouſcris à la paix; qu'on me rende mon frere:
Oſez le demander vous-même à vôtre pere;
Prevenez ſur ce point un amant furieux
Qui hors vous, n'aura rien de ſacré dans ces lieux.

ERICIE

Cruel, c'eſt donc ainſi que vôtre amour s'exprime?

Voilà ce feu ſi beau qui pour moi vous anime,
Et l'hommage d'un cœur qui ne ſe donne à moi,
Que pour remplir le mien de douleur & d'effroi.
On m'aime ; & cependant il faut que je fléchiſſe ;
On m'adore ; & c'eſt moi qui dois le ſacrifice.
Il faut de mon devoir que j'étouffe la voix,
Et que de mon amant, je ſubiſſe les loix.
De l'amour ſupliant l'orgüeil a pris la place,
Et je vois à ſes ſoins ſucceder la menace,
Les refus, les mépris, la fierté, la terreur :
Vos tranſports les plus doux ne ſont que de fureur,
Impetueux amant, dont l'ardeur temeraire
Ne declare ſes feux qu'en declarant la guerre.
Inſpira-t'on jamais l'amour par la frayeur ?
C'eſt ainſi qu'Helénus ſe rend maître d'un cœur ;
Il ordonne en tyran, il faut le ſatisfaire.
Barbare : ma fierté vous devroit le contraire,
Je devrois n'écouter que mon juſte courroux ;
Mais je veux me venger plus noblement de vous :
Je veux qu'en gémiſſant Helénus me regrette,
Et qu'il ſente du moins la perte qu'il a faite ;
Il ne tenoit qu'à vous de faire mon bonheur,
L'amour à cet eſpoir ouvroit déja mon cœur,
Heüreuſe de pouvoir offrir un diadême,
Sans rechercher en vous d'autre bien que vous-même;
Je ne me vengerai de vos refus honteux,

Qu'en vous faifant rougir de mes foins genereux ;
Puifque vous le voulez, je vais trouver mon pere,
Tenter pour le fléchir, les pleurs & la priere.
Je vais pour vous, ingrat, tomber à fes genoux,
Et faire ce qu'en vain j'attends ici de vous.

SCENE TROISIEME.

HELENUS

O Devoir ! ta rigueur eft-elle fatisfaite ?
  Vois ce qui m'eft offert, & ce que je rejette ;
Quels bienfaits de ta part, me feront oublier
Ce que tu m'as forcé de te facrifier ?
Ah Pyrrhus ! que le foin de défendre ta vie,
Sera d'un prix cruel, s'il en coûte Ericie !
Mais on vient ; c'eft lui-même : hélas ! pour m'at-
        tendrir,
Que d'objets à la fois viennent ici s'offrir !

SCENE QUATRIEME.

HELENUS, ILLYRUS, GARDES.

ILLYRUS

SEigneur, car je ne fçai fi je parle à mon frere,
Tant le fort entre nous a jetté de miftere.
Quoi qu'il en foit, avant que de quitter ce lieu,
J'ai crû devoir vous dire un éternel adieu,
Après avoir reçû ceux du Roi d'Illyrie,
Dont je fuis plus touché que de fa barbarie.
Quel autre nom donner à fa rigueur pour moi,
Quand je n'y trouve plus mon pere, ni mon Roi?
Par quel malheur fon fils a-t'il ceffé de l'être?
Ai-je deshonoré celui qui m'a fait naître?
Quel eft donc ce Pyrrhus, pour lui d'un fi haut prix?
Encor fi c'étoit vous, j'en ferois moins furpris.
Seigneur, vous foupirez, je vois couler vos larmes;
Ces pleurs me cauferoient de mortelles allarmes,
Si mon cœur étoit fait pour fentir de l'effroi.
Il s'émeut cependant de tout ce que je voy;
Une douleur fi noble a de quoi me furprendre;
Ce n'eft pas d'un rival que j'euffe ofé l'attendre,
Ni me flatter qu'il dût être fi genereux,
Lorfque tout abandonne un Prince malheureux.

Non qu'à vôtre vertu j'euffe fait l'injuftice
De croire vôtre amour de ma perte complice :
Mais fi je n'ai rien craint de vôtre inimitié,
Je n'en attendois pas non plus tant de pitié.

HELENUS

Seigneur, quelques tranfports qu'une maîtreffe in-
      fpire,
La gloire & le devoir ont auffi leur empire ;
Entre ce qui me plaît, & ce que je me dois,
L'honneur feul a toûjours déterminé mon choix.
Je n'ai pas dans les foins d'une ardeur qui m'eft chere,
Perdu le fouvenir de mon malheureux frere ;
Et dût-il me haïr, même fans m'eftimer,
Ses malheurs fuffiroient pour me le faire aimer.
Je vois avec douleur le fort qu'on vous prépare,
Sans ofer cependant immoler un barbare ;
Ce palais eft rempli de chefs & de foldats,
Qu'un ordre redoutable attache fur mes pas ;
Le fier Lyfimachus jaloux de fa puiffance
Ne laiffe à mon courroux nul efpoir de vengeance ;
Et fi je n'en craignois un funefte fuccès,
J'aurois bien-tôt troublé l'azile de la paix.
Mais la peur d'expofer la tête de mon pere,
Me fait en frémiffant, étouffer ma colere ;
Et l'horreur de vous voir dans des fers odieux,
La porte à des accès quelquefois furieux.

PYRRHUS,

J'ose tout, je crains tout, sans sçavoir qu'entrepren-
    dre;
Je plains même Pyrrhus, & voudrois le défendre,
Heureux, si son secret fut resté dans l'oubli.

ILLYRUS

Vous n'êtes pas le seul qui le sçachiez ici,
A qui ce Pyrrhus doit encor plus qu'il ne pense:
Mais on veut lui garder un genereux silence,
Et pour sauver ses jours on fait plus aujourd'hui,
Que jamais Glaucias n'osa faire pour lui,
Lorsque tout engageoit à le faire connoître.

HELENUS

Ah! laissons ce Pyrrhus, Seigneur, quel qu'il puisse
    être;
Penetré de son sort jusqu'au saisissement,
Mon cœur n'a pas besoin d'autre éclaircissement.
Je ne connois que vous en ce moment funeste,
Où le rival s'oublie, & l'ami seul vous reste.
Mais Glaucias paroît, retirez-vous, Seigneur,
Vôtre aspect ne feroit qu'irriter sa douleur;
Daignez la respecter dans un malheureux pere,
Et me laisser le soin d'une tête si chere.

ILLYRUS

Non, non, ce feroit trop en exiger de vous,
Je vous exposerois Seigneur à son courroux;
Pour la derniere fois souffrez que je le voye.

SCENE CINQUIEME.

GLAUCIAS, ILLYRUS, HELENUS, GARDES.

GLAUCIAS *dans le fond du Théatre.*

Dieux cruels, dont fur moi la rigueur fe déploye,
Si rien à la pitié ne vous peut émouvoir,
Joüiffez de mes pleurs & de mon defefpoir.
Que vois-je ! quels objets ! les deux Princes enfemble !
Ah que d'infortunez le fort ici raffemble !
Que cherchez-vous, * mon fils, en ces funeftes lieux
Où tout doit deformais vous paroître odieux,
Où vous devez me fuïr & m'abhorrer moi-même ?

ILLYRUS

Vous n'en êtes pas moins, Seigneur, tout ce que
    j'aime.
A mon frere, il eft vrai, je me plaignois de vous,
Et j'en euffe attendu des fentimens plus doux ;
Je fuis touché de voir en ce moment terrible,
Que mon rival foit feul à ma perte fenfible.
Hélas ! qui fut jamais plus à plaindre que moi ?
Méprifé d'Ericie, & peu cher à mon Roi,
C'eft un Prince forti d'une race étrangere,
Qui l'emporte fur moi dans le cœur de mon pere ;

* A Illyrus.

Je ne condamne point fa generofité :
Mais l'effort en devroit être plus limité ;
La gloire n'admet point de fi grands facrifices,
Et ce n'eſt point à moi d'illuſtrer fes caprices,
Victime des tranfports d'un chimerique honneur,
Sans avoir d'autre crime ici que mon malheur.
Ce reproche cruel dont vôtre cœur s'offenfe,
Ne regarde, Seigneur, que vôtre indifference ;
Je ne puis voir mon pere abandonner fon fils,
Sans foupçonner pour moi d'injurieux mépris.
Voilà les feuls regrets dont mon ame eſt faifie,
Et j'en fuis plus touché que de perdre la vie :
Mais je n'en ai pas moins fouhaitté vous revoir.

GLAUCIAS

Illyrus, mon feul bien & mon unique efpoir :
Ah ! fi c'eſt ton amour qui vers moi te rappelle,
Ne m'en refufe point une preuve nouvelle :
Viens, mon fils, dans les bras d'un pere infortuné,
Dont le cœur ne t'a point encor abandonné ;
Viens te baigner de pleurs qui couleront fans ceſſe,
Et ne m'accufe point de manquer de tendreffe.
Mon fils, je t'aime encor tout ce qu'on peut aimer,
Et je te connois trop pour ne pas t'eſtimer.
Tes reproches honteux dont ma gloire murmure,
Outragent plus que moi le fang & la nature ;
Mon cœur de fes retours n'eſt que trop combattu,

E

Et je n'ai plus d'espoir qu'en ta propre vertu.
Loin de deshonorer mon auguste vieillesse,
Aide-moi de mon sang à dompter la foiblesse;
Le malheureux Pyrrhus est maître de ma foi,
Je ne suis pas le sien, & ta vie est à moi.
Fais voir par les efforts d'une vertu suprême,
La victime au-dessus du sacrifice même.
Adieu; sois genereux autant que je le suis:
Te pleurer & mourir, est tout ce que je puis.

ILLYRUS

Oüi, je vous ferai voir par un effort insigne,
De quel amour, Seigneur, Illyrus étoit digne;
Que ce fils malheureux, sans le faire éclatter,
Des plus rares vertus auroit pû se flatter,
Qu'il sçait du moins mourir & garder le silence,
Quand son propre interêt peut-être l'en dispense.
Je pourrois d'un seul mot éviter mon malheur;
Mais ce mot échapé vous perceroit le cœur.
C'est dans le fonds du mien qu'enfermant ce mistere,
Je vais sauver Pyrrhus, vôtre gloire, & me taire.
Adieu * cher Hélénus, vous apprendrez un jour
Si j'avois merité de vous quelque retour.

* A Hélénus.

D

SCENE SIXIEME.

GLAUCIAS, HELENUS.

HELENUS

SEigneur de ce discours que faut-il que je pense?
Sur quoi le Prince ici vante-t’il son silence?

GLAUCIAS

Ah! mon fils, ce secret ne regarde que moi;
Mais il a d’un seul mot glacé mon cœur d’effroi.
Hélas que de son sort mon ame est attendrie!
Pyrrhus, que de vertus ma foi te sacrifie!

HELENUS

Le Prince va, dit-il, se perdre pour Pyrrhus;
Et c’est lui cependant sous le nom d’Illyrus,
Si j’en crois les soupçons du tyran de l’Epire;
Seigneur, de ce secret vous pouvez seul m’instruire.
Mon respect m’a forcé de cacher jusqu’ici
Les desirs que j’avois de m’en voir éclairci;
Mais s’il a triomphé de mon impatience,
Je rougis à la fin de vôtre défiance:
Si jamais vôtre cœur fut sensible pour moi,
Si mon amour pour vous a signalé ma foi;
Si j’ai pû m’illustrer en marchant sur vos traces,
Et par quelques exploits sçû meriter des graces,

Du fang que j'ai perdu je n'exige qu'un prix:
Eft-il vrai qu'Illyrus ne foit point vôtre fils ?

GLAUCIAS

Je ne fuis point furpris qu'un lâche cœur foupçonne
Qu'Illyrus foit Pyrrhus, dès que je l'abandonne :
Mais vous jufqu'à ce jour élevé dans mon fein,
Vous à qui des vertus j'aplanîs le chemin,
Que j'inftruifis d'exemple, auriez-vous ofé croire
Que d'une lâcheté j'euffe foüillé ma gloire ?
Non, mon cher Hélénus, ce fils abandonné
N'en eft pas moins celui que les Dieux m'ont donné;
Et plût au fort cruel qu'il eut un autre pere !

HELENUS

Vous n'éclairciffez pas, Seigneur, tout le miftere.

GLAUCIAS

Prince, c'eft trop vouloir pénétrer un fecret;
Offrez à ma douleur un zéle plus difcret,
Et n'en exigez pas plus que je n'en veux dire.

HELENUS

C'en eft affez pour moi, Seigneur, je me retire.
Satisfait qu'Illyrus foit toûjours vôtre fils,
Et je vais de ce pas trouver fes ennemis.

GLAUCIAS

Ah! cruel, arrêtez, qu'allez-vous entreprendre ?

HELENUS

Ce que de ma vertu mon frere doit attendre.

D ij

Je cours le dérober à fon fort inhumain,
Ou mourir avec lui les armes à la main ;
Et je n'écoute plus dans l'ardeur qui me guide,
Que la foif de verfer le fang d'un parricide.

GLAUCIAS

Barbare, immole donc le mien à ta fureur ;
Cours expofer ma vie & me perdre d'honneur.

HELENUS

Ah ! vous ne craignez pas, Seigneur, pour vôtre vie ;
Ce n'eft pas là l'effroi dont vôtre ame eft faifie,
Elle eft trop au-deffus d'une lâche frayeur ;
Pyrrhus, le feul Pyrrhus occupe vôtre cœur,
Indifferent pour nous, pour lui plein de tendreffe ;
Voilà pour m'arrêter le motif qui vous preffe,
Et l'unique frayeur qui vous trouble aujourd'hui :
N'avons-nous pas affez verfé de fang pour lui ?
S'il eft reconnoiffant, que veut-il davantage ?
Je fçai qu'à le fauver vôtre foi vous engage,
Que vous lui devez même une fainte amitié ;
Mais que lui dois-je moi, qu'une fimple pitié ?
Qui doit ceder aux foins de conferver mon frere ?
Hé bien ! qu'à vos deux fils vôtre honneur le préfere ;
Confacrez à jamais ces tranfports vertueux,
Et me laiffez le foin de nous fauver tous deux :
Que Pyrrhus avec nous vienne auffi fe défendre,
S'il eft digne du fang que vous laiffez répandre.

Et de quelles vertus l'ont enrichi les Dieux,
Pour vous rendre, Seigneur, le sien si précieux ?
Je ne sçai : mais je crains que le grand nom d'Achille
Ne soit pour lui d'un poids plus onéreux qu'utile ;
Que sans honneur ses jours ne se soient écoulez.

GLAUCIAS

Ah ! si vous connoissiez celui dont vous parlez,
Vous changeriez bien-tôt de soins & de langage,
Et je verrois mollir ce superbe courage,

HELENUS

Seigneur, à ce discours, c'est trop me le cacher,
Je dois de vôtre sein desormais l'arracher.

GLAUCIAS

Quoi ce même Hélénus que l'Univers admire,
Et dont les Dieux sembloient lui désigner l'Empire,
L'ennemi des tyrans, l'ami des malheureux,
Flétrit en un seul jour tant de jours si fameux,
Et me demande à moi le sang d'un miserable !

HELENUS

Ah Dieux ! de ces horreurs me croyez-vous capable ?
Non, vous ne m'imputez ces lâches mouvemens,
Que pour vous délivrer de mes empressemens ;
C'est le droit d'un refus acquis par une offense,
Et dont à vos remords je laisse la vengeance.
Ce jour qu'on croit des miens avoir flétri le cours,

Eft peut-être, Seigneur, le plus beau de mes jours.
A ce même Pyrrhus j'ai fait un facrifice,
Qui fera pour mon cœur un éternel fuplice,
Et dont mon amour feul connoiffoit tout le prix :
Mais en vain aux refus vous joignez le mépris ;
Si vous voulez calmer la fureur qui m'agite,
Ceffez de retenir un fecret qui m'irrite ;
Ou de fang & d'horreurs je vais remplir ces lieux.

GLAUCIAS

Ah mon fils ! étouffez ces defirs curieux,
Et Pyrrhus puiffe-t'il pour jamais difparoître.

HELENUS

Je commence, Seigneur, à ne me plus connoître.
Pour la derniere fois j'embraffe * vos genoux.

GLAUCIAS

Ah ! quel emportement : ç'en eft trop, levez-vous.
Reconnoiffez Pyrrhus à ma douleur extrême.

HELENUS

Achevez . . . . .

GLAUCIAS

Je me meurs... malheureux ! c'eft vous même.

PYRRHUS

Seigneur, ç'en eft affez, & je fuis fatisfait.

* *Il embraffe avec violence les genoux de Glaucias.*

GLAUCIAS

Arrêtez * Prince ingrat, quel eſt donc le projet
Qu'en ce triſte moment vôtre fureur médite ?
Non, ce n'eſt pas ainſi, Seigneur, que l'on me quitte.
Je n'en conçois que trop à vos yeux enflammez :
Mais je verrai bien-tôt, cruel, ſi vous m'aimez.

* *Il veut ſe retirer, Glaucias l'arrête.*

D iiij

ACTE QUATRIÉME.

SCENE PREMIERE.

PYRRHUS, ANDROCLIDÈ, CYNEAS.

ANDROCLIDE

ENFIN il m'eſt permis, Seigneur, de
        vous connoître,
Et d'oſer embraſſer les genoux de mon
        maître.
Dieux, quel raviſſement! quelle douceur pour moi
De trouver un Héros dans le fils de mon Roi!
Mais de ce bien ſi doux que vous troublez la joye,
Par les tranſports ſecrets où je vous vois en proye!
Glaucias à ſon tour accablé de douleur,
Semble plus que jamais reſſentir ſon malheur;
Seigneur, daignez calmer cette douleur cruelle,
Songez qu'un ſeul inſtant peut la rendre mortelle;
Ne l'abandonnez point en ces triſtes momens.

PYRRHUS

Je puis avoir pour lui d'autres empreſſemens.

Androclide, je fçai que je vous dois la vie ;
Que fans vous en naiffant on me l'auroit ravie.
Allez, de ce bienfait, je fçaurai m'acquitter.

ANDROCLIDE   .

Le Roi m'a commandé de ne vous point quitter.

PYRRHUS

Glaucias eft un Roi que j'eftime & que j'aime :
Mais je ne dépends plus ici que de moi-même.
Pour vous que le deftin a foumis à mes loix,
Refpectez-les du moins une premiere fois,
Et ceffez d'écouter une crainte frivole :
Glaucias me connoît, j'ai donné ma parole ;
J'ai juré d'épargner un tyran odieux,
Et de ne point troubler l'azile de ces lieux ;
Que pouvois-je de plus pour le Roi d'Illyrie ?
Allez, fi vous m'aimez, prenez foin de fa vie.

ANDROCLIDE

Seigneur . . . . .

PYRRHUS

Obéïffez. Profitons des inftans
Que j'ai pû dérober à leurs foins vigilans.

SCENE DEUXIEME.

PYRRHUS, CYNEAS.

PYRRHUS

CYneas, approchez, l'heure fatale preſſe ;
Puis-je encore eſperer de revoir la Princeſſe ?
Sçait-elle qu'Hélénus doit ſe trouver ici ?

CYNEAS

Oüi, Seigneur, & bien-tôt vous l'y verrez auſſi.
J'ai laiſſé la Princeſſe avec Néoptoléme,
Qui m'a paru frappé d'une ſurpriſe extrême,
Lorſque je l'ai flatté de l'eſpoir d'une paix,
Qu'il devoit regarder comme un de vos bienfaits.
Au ſeul nom de Pyrrhus j'ai vû ſa défiance
Balancer ſes deſirs & ſon impatience.
» Je douterois, dit-il, qu'on voulut le livrer,
» Si d'autres qu'Hélénus oſoient m'en aſſurer:
» Mais dès que ce Héros ſouſcrit à ma demande.....

PYRRHUS

Ami, ç'en eſt aſſez, dites-lui qu'il m'attende.

SCENE TROISIE'ME.

PYRRHUS

DEfirs imperieux que je ne puis dompter,
   Et qu'envain mon devoir s'attache à furmonter,
Redoutables momens d'une trop chere veuë,
Que vous allez coûter à mon ame éperduë !
Pyrrhus, à quels tranfports ofe-tu te livrer ?
Eft-ce l'amour ici qui doit t'en infpirer ?
Néoptoléme vit, & le fang d'Æacide
S'enflâme pour le fang d'un lâche parricide.
Mais pour lui mon amour eut envain combattu,
Si de plus hauts deffeins n'occupoient ma vertu.
Infortuné Pyrrhus, il eft temps qu'elle éclatte.
Non, de quelque valeur que l'Univers te flatte,
Quels que foient tes exploits & tes honneurs paffez,
Illyrus en un jour les a tous effacez ;
Et telle eft aujourd'hui ta trifte deftinée,
Qu'il faut que par toi feul elle foit terminée.
C'eft vainement qu'au Ciel tu comptes des ayeux,
Si ta propre vertu ne t'y place avec eux.
Le fang d'Achille eft beau, mais l'honneur d'en def-
    cendre,
Ne vaut pas deformais celui de le répandre.

Un rival genereux qui s'immoloit pour toi,
T'en a tracé l'exemple & prononcé la loi.
Ah ! que tant de grandeur me touche & m'humilie !
Pere & fils vertueux que je vous porte envie !
Comment vous furpaſſer ? Dieux, voilà les Mortels
Dignes de partager avec vous les autels ;
Non ces barbares nez pour l'effroi de la terre,
Ces idoles de fang, fiers rivaux du tonnerre,
Qui font de leur valeur un horrible mêtier,
Et dont je n'ai que trop fuivi l'affreux fentier.
Cherchons au-deſſus d'eux une gloire nouvelle,
Plus digne des tranſports que j'eus toûjours pour
     elle ;
Heureux ſi mon devoir pouvoit les redoubler,
A l'aſpect d'un objet qui peut feul les troubler.

SCENE QUATRIEME.

PYRRHUS, ERICIE.

ERICIE

JE fors en ce moment d'avec le Roi d'Epire ;
En croirai-je, Seigneur, ce qu'il vient de me dire ?
Eſt-ce bien Hélénus qui nous donne une paix,
Qu'on croit même devoir à mes foibles attraits ?
Mais loin de rappeller le fouvenir funeſte

D'un facrifice affreux que ma vertu détefte,
Je ne veux m'occuper que du foin genereux
De pleurer avec vous un Prince malheureux.
Que n'ai-je point tenté près de Néoptoléme ?
J'ai regardé Pyrrhus comme un autre vous-même.
Non, l'horreur de fon fort n'égalera jamais
Mes regrets de l'avoir défendu fans fuccès.
Je fçais trop à quel point Pyrrhus vous intereffe,
Pour ne point partager la douleur qui vous preffe ;
Jugez combien mon cœur s'eft fenti penetrer
De vous voir déformais réduit à le livrer :
Et plût aux Dieux, Seigneur, pour comble d'inju-
    ftice,
Qu'on ne m'imputât point ce cruel facrifice,
Et qu'au bien de la paix, l'amour trop indulgent,
N'eut point pris fur lui-même un fi trifte prefent.
Hélénus eut moins fait pour défarmer ma haine,
S'il fçavoit qu'un remords en triomphe fans peine.
Mais quoi ! vous rougiffez & ne répondez rien :
Pourquoi me demander un fecret entretien ?

PYRRHUS

Je rougis, il eft vrai, d'un difcours qui m'offenfe,
Et jamais mon courroux n'eut plus de violence.
Puis-je voir fans frémir qu'avec un fi beau feu,
Ce cœur où j'afpirois m'ait eftimé fi peu ?
Puis-je voir fans rougir de honte & de colere,

Qu'Ericie ait de moi penfé comme fon pere?
Et qu'elle ofe imputer aux tranfports d'Hélénus,
Le funefte prefent qu'il vous fait de Pyrrhus.
Je ne fçais fi l'amour peut nous rendre excufables,
Mais il ne doit jamais nous rendre méprifables.
Le crime eft toûjours crime, & jamais la beauté
N'a pû fervir de voile à fa difformité.
Peut-être que mon cœur dans l'ardeur qui l'enflâme,
Tout vertueux qu'il eft, n'eft point exempt de blâme,
Mais ce qu'à mon devoir je vais facrifier,
Aux yeux de l'Univers va me juftifier,
Eternifer mon nom, expier ma tendreffe,
Et venger ma vertu d'un foupçon qui la bleffe.

ERICIE

Seigneur, daignez calmer un fi noble courroux:
Je fçais ce que je dois attendre ici de vous.

PYRRHUS

Dans un moment du moins vous pourrez le con-
noître,
Et loin de me haïr vous me plaindrez peut-être.
Connoiffez mieux, Madame, un cœur où vous re-
gnez,
Et ne l'outragez point fi vous le dédaignez.
Belle Ericie enfin croyez que je vous aime,
Mais ne le croyez point comme Néoptoléme.
Mon amour n'a jamais foûmis à vos beaux yeux

Qu'un cœur digne de vous, & peut-être des Dieux ;
Qui ne sçait point offrir pour sacrifice un crime
Qui deshonoreroit l'autel & la victime.
Je vais à son destin livrer un malheureux ;
Mais ce ne sera point par un traité honteux ;
Ma vertu n'admet point de si lâche injustice,
Et mon cœur vous devoit un autre sacrifice :
Trop heureux si ce cœur facile à s'enflâmer,
Au gré de mon devoir l'avoit pû consommer :
Mais dans l'état cruel où mon malheur me laisse,
On peut me pardonner un instant de foiblesse,
Et vous m'avez offert des soins si genereux,
Qu'ils m'ont fait oublier qui nous étions tous deux.
Vôtre pere m'attend, adieu, belle Ericie :
J'ai voulu vous revoir, mais mon ame attendrie
Ne pourroit soûtenir vos pleurs prêts à couler,
Et qu'un fatal instant va bien-tôt redoubler.

ERICIE

Ah ! Seigneur, arrêtez, & si je vous suis chere,
Daignez de vos adieux m'expliquer le mistere.
Je sens un froid mortel qui me glace le cœur,
Et la mort n'a jamais causé plus de frayeur.
Hélas ! au trouble affreux dont mon ame est saisie,
Puis-je encor souhaiter de me voir éclaircie ?
Vous allez, dites-vous, livrer un malheureux,
Sans cesser d'être grand ni d'être genereux.

Ah ! je vous reconnois à cet effort suprême.
Justes Dieux ! c'est Pyrrhus qui se livre lui-même.

PYRRHUS

Oüi, Madame, c'est lui, c'est ainsi qu'Hélénus
Pouvoit du moins livrer l'infortuné Pyrrhus,
Qui sous ce triste nom ne craint plus de paroître,
Dès qu'à de nobles traits on veut le reconnoître.

ERICIE

Dites plûtôt, Seigneur, qu'à ce cœur sans pitié,
Dont je n'ai jamais pû fléchir l'inimitié,
J'aurois dû reconnoître une race ennemie
Qui ne s'immole ici que pour m'ôter la vie.
Inhumain, consommez vos genereux projets ;
De vôtre haine enfin voilà les derniers traits.
Quel ennemi, grands Dieux, offrez-vous à la mienne !
Quel dessein venez-vous d'inspirer à la sienne !
Ah ! si c'est à ce prix que vous donnez la paix
Barbare, faites-nous la guerre pour jamais.
Vous ne démentez point le sang qui vous fit naître
Ingrat, vous ne pouviez mieux vous faire connoître
Que par un noir projet qui n'est fait que pour vous ;
Je reconnois Pyrrhus à ces funestes coups :
Quand par des soins trompeurs il a séduit mon ame,
Des plus cruels refus je vois payer ma flâme ;
Et quand je crois joüir d'un destin plus heureux,
Je retrouve Pyrrhus dans l'objet de mes vœux.

Qui

Qui vous a dévoilé, Seigneur, vôtre naiſſance ?
Glaucias n'a-t'il plus ni vertu ni prudence ?
Devoit-il un moment douter de vos deſſeins,
Et méconnoître en vous le plus grand des humains ?
Il faut pour mon malheur que le Roi d'Illyrie
Vous ait moins eſtimé que ne fait Ericie.
Cruel, ſongez du moins en courant à la mort,
Qu'un amour malheureux me garde un même ſort.
Ne croyez point en moi trouver Néoptoléme,
Vous ne voyez que trop à quel point je vous aime.

PYRRHUS

Ah ! voilà les tranſports que j'aurois dû prévoir,
Si l'amour m'eut laiſſé maître de mon devoir.
J'ai voulu conſacrer à l'objet que j'adore
Quelques triſtes momens qui me reſtoient encore,
Je bravois le trépas, mais je ſens à vos pleurs,
Qu'il a pour les amants ſon trouble & ſes horreurs.
Ne m'offrez-vous les ſoins d'une ardeur mutuelle
Que pour me rendre encor ma perte plus cruelle ?
Quel bien à nôtre amour peut s'offrir deſormais ?
Un parricide affreux nous ſépare à jamais.
Songez, ſi je ne meurs, qu'il faut que je puniſſe,
Qu'un coupable avec moi n'eſt pas loin du ſuplice,
Songez enfin, Madame, à ce que je me doy,
A ce que mon honneur m'impoſe envers un Roi
A qui je dois un fils ſon unique eſperance,

E

Et le plus digne effort de ma reconnoiſſance.

ERICIE

Glaucias vous doit-il être plus cher que moi,
Seigneur ? ne pouvez-vous récompenſer ſa foi
Qu'aux dépens de vos jours & de ma propre vie
Que vous ſacrifiez au Prince d'Illyrie ?
Ah ! laiſſez-moi le ſoin de vous le conſerver,
Et par pitié pour moi, ſongez à vous ſauver.
C'eſt Ericie en pleurs qui vous demande grace ;
Verrez-vous ſans pitié le ſort qui la menace ?
Eſt-ce par vous, cruel, qu'elle doit expirer ?
Ah ! du moins attendez qu'on oſe vous livrer.

PYRRHUS

Non, non, au ſang d'Achille épargnez cet outrage ;
Je dois d'un ſang ſi beau faire un plus noble uſage.
La mort pour mes pareils n'eſt qu'un leger inſtant
Dont la crainte aux humains a fait ſeule un tourment.
Je vous perds pour jamais, adorable Ericie,
C'eſt là pour un amant perdre plus que la vie.
Mais ne preſumez pas qu'en lâche criminel,
Je ſouffre que Pyrrhus ſoit conduit à l'autel.
D'ailleurs pour Glaucias j'eus toûjours trop d'eſtime
Pour lui laiſſer jamais la honte d'un tel crime.

ERICIE

C'eſt-à-dire, Seigneur, qu'il vous paroît plus doux
D'en rejetter ici l'indignité ſur nous ;

Et que vous aimez mieux deshonorer mon pere,
Pour m'en laisser à moi la douleur toute entiere,
Et me faire haïr qui m'a donné le jour.
Voilà ce que Pyrrhus gardoit à tant d'amour !
Hé bien, cruel, allez trouver Néoptoléme,
Puisque vous le voulez je vous rends à vous-même ;
Mais dans tous vos transports de generosité,
Je vois moins de vertu que de ferocité.

PYRRHUS

Ne me reprochez point une vertu farouche,
L'honneur ainsi le veut, & l'honneur seul me touche;
S'il se pouvoit trouver d'accord avec mes jours,
Vous ne m'en verriez point précipiter le cours.
Comme mortel, je sens tout le prix de la vie,
Comme amant, tout le prix d'être aimé d'Ericie;
Mais Pyrrhus en Héros épris de vos appas,
Se met en immortel au-dessus du trépas.

ERICIE

Vous prétendez envain qu'au gré de vôtre envie,
Je vous laisse, Seigneur, maître de vôtre vie :
Si vous ne rejettez vos projets inhumains,
Je cours à Glaucias découvrir vos desseins.

PYRRHUS

Si vous m'aimez encor gardez de l'entreprendre ;
Belle Ericie, au nom de l'amour le plus tendre,
N'abusez point ici des secrets d'un amant

E ij

Qui pourroit de deſſein changer en un moment,
Conſiderez ſur qui tomberoit ma colere,
Vous plaignez un amant, vous pleureriez un pere ;
En faveur de Pyrrhus tâchez de le fléchir,
J'y conſens, mais daignez ne le point découvrir ;
Et ne lui faites point meriter vôtre haine.
Qu'eſperez-vous enfin d'une pitié ſi vaine ?
Songez que dans l'état où m'a réduit le ſort,
Il ne me reſte plus que l'honneur de ma mort ;
Ne me l'enviez point, & reſpectez ma gloire ;
Vivez pour en garder une tendre memoire ;
Et ceſſez de vouloir partager mes malheurs :
Laiſſez mourir Pyrrhus digne enfin de vos pleurs.
Adieu, Madame, allez trouver Néoptoléme ;
J'irai dans un moment le rejoindre moi-même :
M'expoſer plus long-temps à tout ce que je vois,
C'eſt moins braver la mort que mourir mille fois.

ERICIE

Quoi, Seigneur, * vous iriez-vous livrer à mon pere ?
Ah ! puiſqu'en vos fureurs vôtre cœur perſevere ;
L'inflexible Pyrrhus qui déchire le mien,
Va le voir ſurpaſſer la fermeté du ſien.
Mais Glaucias paroît ; quel ſoin ici l'appelle ?
Eclattez vains tranſports de ma douleur mortelle,
Et laiſſez dans mes pleurs lire un triſte ſecret.

* Pyrrhus ſort.

SCENE CINQUIEME.

GLAUCIAS, ERICIE.

GLAUCIAS.

PRinceffe, un ennemi qui ne l'eſt qu'à regret,
    Et qui touche peut-être à ſon heure derniere,
Oſera-t'il ici vous faire une priere ?
S'il fût long-temps l'objet de vôtre inimitié ;
Il ne doit plus hélas ! l'être que de pitié ;
Les Dieux viennent ſur moi d'épuiſer leur colere.
Je n'ai rien oublié pour fléchir vôtre pere,
Mais le cruel qu'il eſt me redemande un bien
Que ma pitié protége, & qui n'eſt pas le mien ;
Il veut Pyrrhus, il veut que je lui ſacrifie
Le malheureux dépôt que le Ciel me confie ;
Il veut à mon honneur portant le coup mortel,
Couvrir mes cheveux blancs d'un affront éternel,
Et plonger dans l'horreur les reſtes de ma vie.
Plaignez mon triſte ſort genereuſe Ericie ;
Vous êtes deſormais nôtre unique recours :
A des infortunez prêtez vôtre ſecours.
Je ſçais dans les faveurs dont le Ciel vous partage,
Que la beauté n'eſt pas vôtre ſeul avantage ;
Et que les Dieux ſur vous épuiſant leurs bienfaits,

Ont de mille vertus enrichi vos attraits ;

Mon cœur prêt de vous voir unie à ma famille,

Vous prodiguoit déja les tendres noms de fille.

Mais puisque le destin me ravit la douceur

D'un bien qui m'eut comblé de joye & de bonheur ;

Je veux traitter pour vous un plus noble hymenée ;

De vous & de Pyrrhus unir la destinée.

Je sçais que je ne puis former ces tristes nœuds

Sans outrager les Loix, la Nature & les Dieux ;

Mais la paix ne veut pas un moindre sacrifice.

Rendez à cet hymen vôtre pere propice ;

S'il soupçonne ma foi, qu'il emmeine Illyrus,

Et confie à mes soins Ericie & Pyrrhus.

Vous vous ferez tous trois un mutuel ôtage :

Néoptoléme aura l'Epire pour partage ;

Et je l'en laisserai paisible possesseur,

Pourvû que vôtre époux en soit le successeur.

ERICIE

Ah ! Seigneur, plût aux Dieux, & pour l'un & pour
          l'autre,

Que tous les cœurs ici fussent tels que le vôtre ;

Et sçussent comme vous regler sur l'équité

La vengeance des Rois & leur avidité.

Qui ne seroit touché de l'état déplorable

Où vous réduit le soin du sort d'un miserable ?

Les Dieux tout grands qu'ils sont en ont-ils autant fait ?

Qu'un pere tel que vous eſt digne de regret!
Jugez à ma douleur ſi le cœur d'Ericie
A pû garder pour vous une haine endurcie ?
Seigneur, tant de vertu trouve peu d'ennemis.
Hélas ! pour conſerver Pyrrhus & vôtre fils,
Vous n'aviez pas beſoin d'employer la priere.
Que n'ai-je point déja tenté près de mon pere!
Rien ne peut déſarmer ſa haine & ſa rigueur;
Je ne vous dirai point quelle en eſt ma douleur,
Mais Pyrrhus aujourd'hui m'a coûté plus de larmes
Que le ſoin de ſes jours ne vous cauſa d'allarmes.
Plût au Ciel que celui de nous unir tous deux,
Pût rendre à vos ſouhaits ce Prince malheureux;
Et que de nôtre hymen les funeſtes auſpices
Ne fuſſent point ſuivis de plus noirs ſacrifices.
Adieu : puiſſe le Ciel attendri par mes pleurs
Les faire avec ſuccès parler dans tous les cœurs.
Vous ne connoiſſez pas le plus inexorable;
Mais ſi je n'obtiens point un aveu favorable,
Seigneur, au même inſtant fuïez avec Pyrrhus,
Et me laiſſez le ſoin du deſtin d'Illyrus.
Emparez-vous ſurtout d'un guerrier invincible
Dont rien ne peut dompter le courage infléxible,
Que dis-je ! où mon amour ſe va-t'il égarer !

GLAUCIAS

O Ciel, à quels malheurs faut-il me préparer !

E iiij

Dans l'état où m'a mis la fortune cruelle,
En ai-je à redouter quelqu'atteinte nouvelle ?
Ah ! Madame, daignez ne me le point cacher,
Si d'un infortuné le fort peut vous toucher.
Vous avez vû mon fils, je fçai qu'il vous adore,
Et j'ai crû près de vous le retrouver encore ;
Je venois m'emparer d'un ingrat qui me füit,
Et que partout envain ma tendreffe pourfuit.
Ma vie à ce cruel devoit être affez chere,
Pour ne point l'arracher à fon malheureux pere.
Mais je vois qu'Hélénus ne s'éloigne de moi
Que pour mieux me manquer de parole & de foi.
Il a par fes fermens furpris ma vigilance,
Diffipé mes foupçons & trompé la prudence
D'un pere en fa faveur toûjours trop prévenu :
Apprenez-moi du moins ce qu'il eft devenu.
Veut-il nous perdre tous, ou fe perdre lui-même ?
Grands Dieux, faudra-t'il voir périr tout ce que
       j'aime !
Madame, ayez pitié de l'état où je fuis.

ERICIE

Ah ! que demandez-vous, & qu'eft-ce que je puis ?
N'ajoûtez rien vous-même au trouble qui m'agite.
Les momens nous font chers, fouffrez que je vous
       quitte,
Seigneur, il n'eft pas temps d'interroger mes pleurs,
Lorfqu'il faut prévenir le plus grand des malheurs.

ACTE CINQUIÉME.

SCENE PREMIERE.

ERICIE, ISMENE.

ERICIE

S I je n'ai pû toucher un amant qui m'adore,
Que pourrai-je obtenir d'un pere qui l'abhorre ?
Malheureuse, les Dieux ont-ils doüé tes pleurs
De ces charmes puiffans qui fléchiffent les cœurs ?
Et tu crois attendrir un Prince inexorable,
Que la foif de regner va rendre impitoyable ;
Qui maître du plus fier de tous fes ennemis,
Pour ne le craindre plus fe croira tout permis.
Funefte ambition, déteftable manie,
Mere de l'injuftice & de la tyrannie ;
Qui de fang la premiere a rempli l'Univers,
Et jetté les humains dans l'opprobre & les fers ;
C'eft toi dont les fureurs toûjours illégitimes
Firent naître à la fois les fceptres & les crimes.

Sans toi, rien n'eut borné ma gloire & mon bonheur;
Quel fort plus beau pouvoit jamais flatter un cœur!
Et mes yeux effraïez verront fumer la terre
D'un fang qui doit fa fource au Maître du tonnerre.
Grand Dieu, ne fouffre point qu'un pere furieux
S'immole fans pitié le plus pur fang des Dieux;
Daigne, loin d'employer la foudre à fa vengeance,
Tonner au fond des cœurs, & prévenir l'offenfe.

ISMENE

Madame, il faut cacher ce mortel defefpoir.
Glaucias, difiez-vous demandoit à vous voir.

ERICIE

Je ne l'ai que trop vû ce Prince déplorable,
Des Rois les plus vantez modele inimitable;
Qui n'a que l'honneur feul pour guide & pour objet,
Père moins malheureux encor, qu'ami parfait.
Que de fon fort cruel mon ame eft attendrie!
Qu'il redouble les maux de la trifte Ericie!
Et ce Roi genereux fi digne de pitié,
De fes malheurs encore ignore la moitié.
Hélas! que je le plains, que de vertus Ifmene!
Eft-ce donc là, Grands Dieux, l'objet de vôtre haine!
Que mon pere n'a-t'il un cœur tel que le fien;
Qu'il auroit épargné de defefpoir au mien!
Ifmene, il ne vient point, & mon impatience
Commence à foupçonner une fi longue abfence.

Quel autre qu'Hélénus pourroit le retenir ?
Sans doute le cruel m'a voulu prévenir :
Et si j'en crois mes pleurs, sa triste destinée
Dans les flots de son sang est déja terminée.
Je ne sçai quelle horreur me saisit malgré moi;
Je sens à chaque instant redoubler mon effroi.
Je demande mon pere, & mon ame éperduë
N'a peut-être jamais tant redouté sa veuë.
Enfin je l'aperçois, soûtenez-moi, Grands Dieux !

SCENE DEUXIEME.

NEOPTOLEME, ERICIE, ISMENE.

NEOPTOLEME

HElénus que j'attends va paroître en ces lieux;
Ma fille, ç'en est fait, ce guerrier redoutable
Loin d'offrir à Pyrrhus une main secourable,
Lui-même doit bien-tôt le livrer à mes coups;
Et ce spectacle affreux n'a pas besoin de vous.
Allez, quoi vous pleurez ! qui fait couler vos larmes?
D'où peut naître à la fois tant de trouble & d'allar-
mes ?
Parlez, c'est trop se taire après ce que je voy,
Avez-vous des secrets qui ne soient pas pour moy ?

ERICIE

Non, Seigneur, mais ce n'eſt qu'aux genoux * de mon
    pere
Que je puis éclaircir ce funeſte miſtere.

NEOPTOLEME *la relevant.*

Ma fille, en cet état que me demandez-vous ?
Et qui peut vous forcer d'embraſſer mes genoux ?
Que craignez-vous enfin d'un pere qui vous aime ?

ERICIE

Ah! Seigneur, pardonnez à ma douleur extrême,
Je ſçai que vous m'aimez, & ce n'eſt pas pour moi
Que je viens implorer les bontez de mon Rôi.
Ne vous offenſez point ſi les pleurs d'Ericie
Oſent d'un malheureux vous demander la vie.
L'infortuné Pyrrhus va vous être remis . . . . .

NEOPTOLEME

Quoi, c'eſt du plus cruel de tous mes ennemis,
Que vous oſez, ma fille, embraſſer la défence ?
Et ne craignez-vous point vous-même ma vengeance?
D'où naiſſent pour Pyrrhus des ſentimens ſi vains ?
Eſt-ce à vous que je dois compte de mes deſſeins ?
Vous que je dois ſur eux ou conſulter ou croire.

ERICIE

Non, mais vous me devez compte de vôtre gloire ;
Elle eſt à moi, Seigneur, autant qu'elle 'eſt à vous,

* Elle ſe jette aux genoux de Néoptoléme.

Et ce qui la flétrit se partage entre nous.
Si rien ne peut fléchir vôtre haine endurcie,
Songez de quels malheurs elle fera suivie.
Vous verrez contre vous armer tout l'Univers,
Et Pyrrhus chaque jour renaître des enfers.
Quoi ! pour faire oublier le meurtre d'Æacide,
Vous méditez encore un double parricide.
Faudra-t'il vous compter au rang des assassins,
Et vous voir devenir l'opprobre des humains,
Lorsque vous en pouviez devenir le modele,
Si vôtre ambition eut été moins cruelle ?
Le Ciel vous a comblé de ses dons précieux;
Et vos vertus pouvoient vous égaler aux Dieux;
La noblesse du sang, la valeur, la prudence,
En faudra-t'il, Seigneur, excepter la clemence !
Malgré mille revers vous avez vû cent fois
L'Univers vous placer parmi ses plus grands Rois,
Et de tant de vertus le parfait assemblage,
Deviendroit d'un tyran l'inutile partage.

NEOPTOLEME.

Ma fille, quel discours !

ERICIE

Je m'égare, Seigneur;
Mais daignez pardonner ces transports à mon cœur,
Mon respect a toûjours égalé ma tendresse.
Loin de me reprocher un discours qui vous blesse;

'A mes larmes, Seigneur, laiſſez-vous attendrir :
Ou du moins écoutez ce qu'on vient vous offrir.
Glaucias eſt tout prêt de vous ceder l'Epire ;
Pour vous en aſſurer le legitime Empire,
Ce Prince, pour Pyrrhus, vous demande ma main.

NEOPTOLEME

Pour Pyrrhus ! Glaucias croit m'éblouïr envain.
Je connois mieux que lui le ſang des Æacides ;
Rien ne peut arrêter leurs vengeances perfides.
Loin que cette union dût aſſurer mon ſort,
Vôtre hymen ne ſeroit que l'arrêt de ma mort.
C'eſt mettre ſous Pyrrhus ma couronne en tutelle,
Et nourrir entre nous une guerre éternelle.
Ce n'eſt point ma fureur qui demande ſon ſang:
Je regne & je dois tout à ce ſuperbe rang.
Si de Pyrrhus enfin je m'immole la vie,
C'eſt au bien de la Paix que je le ſacrifie.

ERICIE

Si jamais vous oſiez lui donner le trépas,
Quelle guerre, Seigneur, n'allumeriez-vous pas !

NEOPTOLEME

Hélénus eſt le ſeul dont je crains le courage,
Et ſon amour pour vous diſſipera l'orage ;
Mais ſon courroux bien-tôt retomberoit ſur moi,
Si j'oſois à Pyrrhus engager vôtre foi ;
Vous voyez qu'Hélénus me le livre lui-même ;

Jugez par ce prefent à quel point il vous aime.

ERICIE

Ah ! ne vous fiez point au prefent qu'il vous fait ;
C'eft peut-être, Seigneur, quelque piege fecret.
Ce Palais vous met-il à couvert de furprife ?
Je ne fçais, mais fur vous je crains quelque entre-
      prife.
Ne vous expofez point à revoir Hélénus :
Et fi vous m'en croyez, emmenez Illyrus.

NEOPTOLEME

Qu'aurois-je à redouter d'une ame genereufe ?
Vôtre crainte, ma fille, eft trop ingenieufe.

ERICIE

Vôtre haine, Seigneur, l'eft plus que mon effroi ;
Et vous ferme les yeux fur tout ce que je voi.
L'ardeur de vous venger vous rend tout legitime ;
Et la foif de regner vous déguife le crime.
Mais fi mes pleurs envain combattent vos fureurs,
Vous allez voir ma mort prévenir tant d'horreurs.

NEOPTOLEME

Ah ! ç'en eft trop, ma fille, & ce difcours m'outrage,
Pyrrhus n'auroit ofé m'en dire davantage.
Mais Hélénus paroît.

ERICIE

Juftes Dieux !

PYRRHUS,

NEOPTOLEME

Laiſſez-nous.

ERICIE

Ah! Seigneur, par pitié ſouffrez-moi près de vous.
Je ne vous quitte point.

NEOPTOLEME

Quels tranſports !

ERICIE

Ah ! mon pere,
Si jamais vôtre fille a pû vous être chere,
Daignez à ma douleur accorder un moment.

NEOPTOLEME

Fuïez, dérobez-vous à mon reſſentiment.
Je me laſſe à la fin d'une douleur ſi vaine.

ERICIE

De ces funeſtes lieux ôte-moy, chere Iſmene :
Si d'un infortuné je veux ſauver les jours
C'eſt à d'autres qu'à lui qu'il faut avoir recours.

NEOPTOLEME

Que de trouble s'éleve en mon ame éperduë !

SCENE

SCENE TROISIEME.

PYRRHUS, NEOPTOLEME, GARDES.

NEOPTOLEME

SEigneur, enfin la paix si long-temps attenduë
M'est redonnée ici par ce même Héros
Dont la seule valeur nous causa tant de maux :
Heureux si cette paix qui tous deux nous raproche,
Pouvoit être entre nous exempte de reproche.
Mais on doit pardonner aux soins de ma Grandeur
Ce que semble de vous exiger ma fureur.
Je sçay ce qu'il en coûte à des cœurs magnanimes,
Lorsqu'il faut immoler d'innocentes victimes.

PYRRHUS

Ne te sied-t'il pas bien de t'en justifier,
Toi qui nous a contraints à les sacrifier ?
Epargne à ton honneur un discours inutile
Qui doit faire rougir un descendant d'Achille.
Et ne nous fais pas voir pour la seconde fois,
Un Sujet alteré du meurtre de ses Rois.

NEOPTOLEME

Ai-je bien entendu ! quel sinistre langage !
A me l'oser tenir qu'est-ce donc qui t'engage ?
Pourquoi par Cyneas me faire pressentir

F

Sur un espoir trompeur que tu viens démentir ?
Est-ce en me préparant des injures nouvelles
Que l'on croit terminer de si grandes querelles ?
Tu declares la guerre en demandant la paix.

P Y R R H U S

Non, cruel, avec moi tu ne l'auras jamais ;
Quoique je vienne ici remettre en ta puissance
Celui dont tu devrois éprouver la vengeance,
Cet innocent objet de tes noires fureurs,
Ce Pyrrhus que ta haine accable de malheurs.

N E O P T O L E M E

Hé bien ! puisque c'est toi qui dois me le remettre,
Ne differe donc point, ou cesse de promettre.

P Y R R H U S

Tu me connois, tu peux t'en reposer sur moi,
Et de plus relâcher Illyrus sur ma foi.

N E O P T O L E M E

Hélénus, tu vas voir combien je m'y confie.
Gardes, faites venir le Prince d'Illyrie :
Je vais dans un moment te le remettre ici.
Mais commande à ton tour que Pyrrhus vienne aussi.

P Y R R H U S

Inhumain, ne crains point qu'on te le fasse attendre ;
Crains plûtôt un aspect qui pourra te surprendre.
Mais daigne auparavant m'instruire de son sort,
Sois sincere surtout, quel sera-t'il ?

NEOPTOLEME

La mort.

PYRRHUS

S'il ne craignoit que toi, tyran, ta barbarie
Te coûteroit bientôt & le Trône & la vie.
Voyons donc jusqu'où peut aller ta fermeté.
Mais pour laisser ta haine agir en liberté,
Je vais te rassûrer contre un fer redoutable
Qui rendroit dans mes mains ta perte inévitable :
Frape *, voilà. Pyrrhus.

SCENE QUATRIEME.

PYRRHUS, NEOPTOLEME, ILLYRUS.

ILLYRUS en entrant.

Dieux, qu'est-ce que je vois !

PYRRHUS

Je m'acquitte, Illyrus, de ce que je vous dois.

NEOPTOLEME

Où suis-je ! quel transport de mon ame s'empare !
Quel soudain mouvement tout à coup s'y declare,
A l'aspect imprévû de cet audacieux !

* Il jette son épée aux pieds de Neoptoleme.

F ij

SCENE DERNIERE.

GLAUCIAS, PYRRHUS, NEOPTOLEME,
ILLYRUS, ERICIE, ANDROCLIDE,
CYNEAS, ISMENE, GARDES.

GLAUCIAS *entre avec Ericie.*

QUe vois-je ! quel objet se presente à mes yeux !
Hélénus désarmé devant Néoptoléme !

NEOPTOLEME

Tu vois un ennemi qui se livre lui-même ;
Et qui loin d'essayer de fléchir ma rigueur,
Ose par sa fierté défier ma fureur,
Qui me brave, me hait, me méprise & m'offence.

GLAUCIAS

Dequoi va s'occuper ton injuste vengeance ?
Sont-ce les mouvemens qu'il te doit inspirer ?
Il se livre à tes coups, que veux-tu ?

NEOPTOLEME

L'admirer.
Ne juge point de moi par ce que j'ai pû faire ;
Le malheur rend souvent le crime necessaire ;
Et le penchant des cœurs ne dépend non plus d'eux,

Qu'il en dépend de naître heureux ou malheureux.
C'est dans le sang des Rois que j'ai puisé la vie,
Mais quand je serois né des monstres d'Hyrcanie,
J'aurois été touché d'un trait si genereux.
Pyrrhus, un même sang nous a formez tous deux ;
Mais les mêmes vertus n'ont point fait mon partage.
Si j'ai troublé des jours que t'envioit ma rage,
Je te laisse aujourd'hui maître absolu des miens ;
Et je prodiguerois tout mon sang pour les tiens.
Je t'ai ravi le sceptre, & je te l'abandonne,
Un ami tel que toi vaut mieux qu'une couronne ;
Et je prefererois à l'éclat de mon rang,
L'honneur d'être avoüé pour Prince de ton sang.

PYRRHUS

Si j'osois me flatter, malgré la mort d'un pere,
Qu'un repentir si grand fut durable & sincere.... ?

NEOPTOLEME

C'est à vous que je dois ce retour vertueux,
Qui me rend à moi-même, à mon Prince, à mes
Dieux.
Seigneur, je n'ose encor prétendre à vôtre estime ;
Un bien si glorieux n'est pas le prix d'un crime ;
Trop heureux que Pyrrhus ne m'en punisse pas ;
Et veüille de ma main recevoir ses Etats.

PYRRHUS

A ce noble retour je sens que ma justice,

Malgré la voix du fang, doit plus d'un facrifice.
Puifqu'un remords fuffit pour appaifer les Dieux,
Les Rois ne doivent pas en exiger plus qu'eux.
Dès qu'il leur plaît ainfi, joüiffez de la vie;
Moi, je vous rends le fceptre en faveur d'Ericie.

NEOPTOLEME *lui prefente Ericie.*

Daignez donc accepter ce gage de ma foi,
Seigneur, c'eft le feul bien qui foit encor à moi.
Prince, * fur cet hymen je n'ai rien à vous dire;
Vôtre cœur eft trop grand pour ne point y foufcrire.
Et vous, † digne mortel, dont les Dieux firent choix
Pour être le vengeur & l'exemple des Rois,
Genereux Glaucias, à qui je dois la gloire
De pouvoir effacer l'action la plus noire;
Recevez vôtre fils pour prix d'un fi grand bien:
Et vous, mon cher Pyrrhus, daignez être le mien.

* *A Illyras.*
† *A Glaucias.*

F I N.

APPROBATION.

J'AY lû par ordre de Monseigneur le Garde des Sceaux, la Tragedie intitulée *Pyrrhus*, par *Monsieur de Crebillon* ; & je crois que le Public la recevra avec le même plaisir & le même empressement qu'il l'a vuë representer sur le Théatre. A Paris ce premier Juillet mil sept cent vingt-six. LANCELOT.

PRIVILEGE DU ROY.

LOUIS par la grace de Dieu, Roi de France & de Navarre. A nos amez & féaux Conseillers les Gens tenans nos Cours de Parlement, Maîtres des Requêtes ordinaires de nôtre Hôtel, Grand Conseil, Prevôt de Paris, Baillifs, Senechaux, leurs Lieutenans Civils, & autres nos Justiciers qu'il appartiendra : SALUT. Nôtre bien amée la Veuve D'ANTOINE-URBAIN COUSTELIER Imprimeur & Libraire à Paris, Nous a fait remontrer qu'il lui auroit été mis en main un Ouvrage qui a pour titre, *Pyrrhus, Tragedie*, qu'elle souhaiteroit imprimer ou faire imprimer, & donner au Public, s'il Nous plaisoit lui accorder nos Lettres de Privilege sur ce necessaires ; offrant pour cet effet de l'imprimer ou faire imprimer en bon papier & beaux caracteres, suivant la feüille imprimée & attachée pour modele sous le Contre-scel des Presentes : A CES CAUSES, voulant traiter favorablement ladite Exposante, Nous lui avons permis & permettons par ces Presentes, d'imprimer ou faire imprimer ledit Ouvrage ci-dessus specifié, en un ou plusieurs volumes, conjointement ou separement, & autant de fois que bon lui semblera, sur papier & caracteres conformes à ladite feüille imprimée & attachée pour modele sous nôtredit Contre-scel ; & de le vendre, faire vendre & debiter par tout nôtre Royaume pendant le tems de trois années consecutives, à compter du jour de la datte desdites Presentes. Faisons défenses à toutes sortes de personnes de quelque qualité & condition qu'elles soient, d'en introduire d'impression étrangere dans aucun lieu de nôtre obéissance ; comme aussi à tous Imprimeurs, Libraires, & autres, d'imprimer, faire imprimer, vendre, faire vendre, debiter ni contrefaire ledit Ouvrage ci-dessus exposé, en tout ni en partie, ni d'en faire aucuns extraits, sous quelque pretexte que ce soit, d'augmentation, correction, changement de titre ou autrement, sans la permission expresse & par écrit de ladite Exposante, ou de ceux qui auront droit d'elle ; à peine de

onfifcation des Exemplaires contrefaits , de quinze cens livres d'a-
mende contre chacun des contrevenans ; dont un tiers à Nous , un
tiers à l'Hôtel-Dieu de Paris , & l'autre tiers à ladite Exposante ,
& de tous dépens , dommages & interêts ; à la charge que ces Prefentes feront enregiftrées tout au long fur le Regiftre de la Communauté
des Imprimeurs & Libraires de Paris , & ce dans trois mois de la date
d'icelles : que l'impreffion defdits Livres fera faite dans nôtre Royaume & non ailleurs , & que l'Impetrante fe conformera en tout aux Reglemens de la Librairie , & notamment à celui du 10. Avril 1725. &
qu'avant que de l'expofer en vente , le Manufcrit ou Imprimé qui aura
fervi de copie à l'impreffion dudit Livre , fera remis dans le même état
où l'Approbation y aura été donnée , ès mains de nôtre très-cher
& féal Chevalier Garde des Sceaux de France , le Sieur Fleuriau
d'Armenonville Commandeur de nos Ordres : & qu'il en fera enfuite
remis deux Exemplaires dans nôtre Bibliotheque publique ; un dans
celle de nôtre Château du Louvre ; un dans celle de nôtre très-cher
& féal Chevalier Garde des Sceaux de France , le Sieur Fleuriau
d'Armenonville Commandeur de nos Ordres , le tout à peine de nul-
ité des Prefentes , du contenu defquelles vous mandons & enjoignons
le faire joüir l'Expofante ou fes Ayans caufe , pleinement & paifible-
ment , fans fouffrir qu'il leur foit fait aucun trouble ou empêchement :
Voulons que la copie defdites Prefentes qui fera imprimée tout au
long au commencement ou à la fin dudit Livre , foit tenuë pour düe-
ment fignifiée ; & qu'aux Copies collationnées par l'un de nos amez &
feaux Confeillers & Secretaires , foi foit ajoûtée comme à l'Original :
Commandons au premier nôtre Huiffier ou Sergent , de faire pour
l'execution d'icelles tous Actes requis & neceffaires , fans demander
autre permiffion , & nonobftant Clameur de Haro , Charte-Normande
& Lettres à ce contraires. CAR tel eft nôtre plaifir. Donné à Paris
le quatriéme jour du mois de Juillet , l'an de Grace mil fept cent
vingt-fix , & de nôtre Regne le onziéme. Par le Roi en fon Confeil.

CARPOT.

Regiftré fur le Regiftre VI. de la Chambre Royale des Libraires & Imprimeurs de Paris , Numero 451. Folio 360. conformément aux anciens
Reglemens confirmez par celui du 28. Février 1723. A Paris le feize Juillet
mil fept cens vingt-fix.

MARIETTE Syndic.

www.ingramcontent.com/pod-product-compliance
Lightning Source LLC
Chambersburg PA
CBHW070126100426
42744CB00009B/1753